20 世纪中国图书馆学文库·66

少年儿童
图书馆学概论

郑莉莉　罗友松　王渡江　著

国家圖書館出版社

本书据湖南少年儿童出版社 1990 年 6 月第 1 版排印

前　　言

　　本书是中国图书馆学会儿童图书馆学研究组责成北京大学、华东师范大学图书馆学情报学系编写的。

　　随着全国文化教育和科学技术事业的蓬勃发展，我国少年儿童图书馆事业也呈现从未有过的好形势。各项事业的迅猛发展，要求加速培养人才，也要求不断地提高为少年儿童服务的图书馆干部的业务水平。

　　近年来，北京大学、华东师范大学图书馆学情报学系在教学中开设了少年儿童图书馆学课程。文化部图书馆事业管理局于1981、1983 年曾委托华东师范大学、北京师范大学图书馆学情报学系分别举办全国少年儿童图书馆（室）业务干部培训班。随后，很多省、市也举办了各种类型的学习班，对少年儿童图书馆与学校图书馆业务人员进行培训，但却缺乏教材。为解决这一需要，特编写此书。本书可作高等学校图书馆学情报学系及培训少年儿童图书馆专业干部的教材，亦可供中、小学校图书馆或其他有关这个专业的干部学习参考。

　　在本书编写过程中，很多少年儿童图书馆、学校图书馆的同志、教育工作者向我们提供了宝贵的意见、实践经验以及国内外有关的教材和各种文献资料。之后，又承文化部图书馆事业管理局鲍振西同志、中国图书馆学会刘德元同志、天津市少年儿童图书馆张铁铮同志、孟绂同志、刘树毅同志分别审阅了本书的有关部分。

对这些同志的热情帮助和支持,在此谨致诚挚的谢意。

　　本书的前言、第一、三、四、八、九、十、十一章,由北京大学郑莉莉副教授执笔;第二、五章,由华东师范大学罗友松副教授执笔;第六、七章,由华东师范大学讲师王渡江执笔;郑莉莉负责统一编纂。由于我们水平有限,又是分头执笔,缺点和错误一定不少,希望同志们给以批评指正。

郑莉莉　罗友松　王渡江

1989 年

目　　录

第一章　少年儿童图书馆学

第一节　少儿图书馆学的研究范围

"一个民族想要站在科学的最高峰,就一刻也不能没有理论思维。"①要推动科学的进步,必须重视理论建设。理论来源于实践,又给实践以指导。少年儿童图书馆学是一门有待开拓的年轻的学科,它是在少年儿童图书馆事业产生、发展的基础上建立起来的。随着少年儿童图书馆事业的兴旺和发达,少年儿童图书馆学的理论研究将逐渐趋向成熟和完善。

少年儿童图书馆事业是一项比较年轻的事业。它是社会信息交流大系统中的一个子系统,它的存在和发展,受到许多相关因素的制约,与其他相关学科有着密切的联系,并受其多方面的影响。所以要加强、深化少年儿童图书馆学的研究,必须注意探讨其相关的因素,注意从其他相关学科中吸取营养来充实和发展自己的学科,使少年儿童图书馆学开拓更宽、更深的研究领域。

少年儿童图书馆学是图书馆学的分支学科,是研究社会组织图书馆事业对少年儿童给予阅读指导、进行教育的一门学科。它涉及的范围相当广泛,包含着丰富而深邃的研究内容。

---

①　恩格斯:《〈反杜林论〉旧序．论辩证法》,《马克思恩格斯选集》第 3 卷,人民出版社,1972 年,第 467 页。

一、基本理论的研究

少年儿童图书馆学要以马列主义的哲学、文化学说以及对少年儿童进行共产主义教育的理论为科学依据,研究少儿图书馆利用书刊及其他资料对成长着的一代进行教育的原理、原则和方法;研究马列主义的有关理论和指示对少年儿童图书馆事业发展的现实意义和指导作用。这些基本理论的研究,将对少儿图书馆事业的发展起巨大的推动作用。

二、少年儿童图书馆事业的研究

少年儿童图书馆事业是整个社会文化教育事业的一个组成部分。少年儿童图书馆学的研究应从整体上对少年儿童图书馆事业产生的社会、政治、经济、文化、教育诸因素进行分析,探讨少儿图书馆事业的发生、发展及其工作规律;研究其社会需求、历史条件及发展史;研究发展少儿图书馆事业的方针政策,对少儿图书馆的领导和管理体制、少儿图书馆的工作任务、为少年儿童服务的图书馆类型、儿童图书馆网的布局与干部培养;研究少儿图书馆与学校、家庭、社会的联系,以及与其他校外文化教育机关的协作,以充分发挥其功能,促进少儿图书馆事业与其他事业的协调发展。

三、业务工作的研究

(一)对少年儿童图书馆的藏书、目录、分类的理论、体系、组织和方法加以探讨研究,掌握其特点,认识其规律,揭示其矛盾,分析其发展趋向,从而为图书馆对少年儿童的教育工作提供充分的物质条件。

(二)认真地研究图书馆对待少年儿童读者工作的理论,探讨不同年龄读者的心理特点和阅读规律;研究在少年儿童中开展图书宣传和阅读指导的理论和技能;探讨个别阅读指导和集体阅读指导的形式和方法,以及对待不同类型读者进行阅读指导的特殊手段,以便根据科学的教育原理和原则对其施以积极的影响,促使少年儿童的全面发展。

四、科学管理的研究

对少年儿童图书馆的馆藏、设备、人员等进行科学的组织和管理,逐步实现工作现代化、管理科学化,就需要对少年儿童图书馆的组织机构、工作计划、工作统计和规章制度等进行研究,推行和实施标准化,研究采用先进的设备和技术,并且将电子计算机的运用也提到研究的日程,以便不断提高少年儿童图书馆的服务水平。

第二节　少儿图书馆学与相关学科

当代科学技术朝着既高度分化又高度综合的整体化趋势发展,学科之间的相互依赖、相互促进、相互交叉在更广阔的范围展开,多角度、多层次、全方位的科学研究显现成效。科学技术发展的这些特点,为少年儿童图书馆学运用、借鉴、移植其他相关科学的知识、原理和方法提供了可能,为深入研究本门学科打开了新的渠道。同时,它也以图书馆的科学管理知识和利用书刊对少年儿童读者进行教育的工作实践与理论研究的新成果,不断丰富和充实其他学科的内容。这显示了现代科学发展相互交叉、渗透的新特点。

少年儿童图书馆学与很多学科之间存在广泛的联系。诸如社会学、教育学、儿童心理学、儿童文学、图书学、自然科学等等相互交叉、互相渗透,尤其是少儿图书馆图书分类的理论和知识甚至牵涉到各门学科的基本内容。所以,少年儿童图书馆学将逐渐发展成为一门综合性的学科。

一、少年儿童图书馆学与社会学

图书馆的工作内容和工作方法，很大部分是属于社会科学的范畴，与社会学有着紧密的联系。为在全国范围内合理地分布图书馆网络，推动少儿图书馆事业的发展，为了提高对读者的阅读指导水平，就需要凭借社会调查的各种资料，分析各个地区的政治、经济、科学、文化发展的具体条件，人口的分布情况，以及对图书馆与学校教育的关系、图书与阅读在少年儿童生活中的地位与作用等等问题进行研究，并对图书馆提出的教育任务、教育内容和少年儿童读者的成长与社会、学校、家庭的影响进行分析研究。这一切都与一定的社会政治条件、形势的发展与变化，社会的思想意识和道德观念等因素有着重要关系。在图书馆的实际工作中，经常需要利用各种统计资料和社会学的科研成果。因此，少年儿童图书馆学在某些方面接近于社会学的研究内容和研究方法，与社会学的内容有一定的交叉。

二、少年儿童图书馆学与教育学

少年儿童图书馆学要研究利用图书对少年儿童进行阅读指导，以期达到一定的教育目的。图书馆在对待少年儿童读者的工作上，需要利用教育学的科学理论，才能在儿童学习和形成认识兴趣的过程中，使智力发展得到最佳效果，从而促进其个性和才能的充分发展。研究少年儿童的读书及其阅读指导问题是教育科学，儿童阅读教育学是教育科学的一个组成部分。因此少年儿童图书馆学与教育学有一定的交叉和重合的内容。

三、少年儿童图书馆学与儿童心理学

少年儿童图书馆的教育对象是中、小学生，他们的成长和变化是以一定年龄的心理发展水平为依据的。少年儿童一定年龄的心理特点,直接影响到图书馆确定具体的教育目标和采取的各种教育形式与教育方法。对不同年龄和各种类型的少年儿童读者的阅读动机、要求、阅读兴趣和效果进行分析,对他们的阅读能力的提高,阅读技巧的掌握进行研究,以及就阅读对他们心理发展的作用进行探讨,已深入到阅读心理学的研究领域。因此,少年儿童图书馆学与儿童心理学的关系是十分密切的,在研究的内容上互相渗透,互相补充。

四、少年儿童图书馆学与儿童文学、图书学

在少年儿童图书馆工作中,经常需要运用文学、文艺批评和图书学领域的新成果,帮助图书馆员掌握书刊内容、了解图书出版动态,以便科学合理地收集和整理藏书,向少年儿童推荐优秀的书刊,有效地对小读者进行阅读辅导。各种文学艺术作品、科学技术知识书刊,尤其是儿童文学和社会科学、自然科学通俗读物,是图书馆对少年儿童读者施行教育的重要工具。馆员只有熟悉图书,善于正确的评价图书,用文学艺术和图书学的有关知识武装起来,才能顺利地完成对读者的教育任务。这样,少年儿童图书馆学的研究就要涉及到文学、特别是儿童文学及图书学的知识领域。

五、少年儿童图书馆学与目录学、情报学

新科学知识领域中的情报学及有效地组织传递情报的书目检索体系,已对少年儿童图书馆的工作产生积极的影响,直接关系到推荐书目的编制、利用及参考咨询工作的服务效果。在少年儿童图书馆学研究的范围内,需要探讨对少年儿童进行情报意识教育,培养小读者具有书目检索、处理、加工情报资料、充分占有情报资料的能力。因此,在信息化时代必须考虑到目录学、情报学知识的利用,以及情报学所占有的一定地位。

六、少年儿童图书馆学与自然科学

少年儿童图书馆事业的进一步发展,将要积极地利用以计算机技术为主的现代科技成果。我国的有些少年儿童图书馆正在逐步采用机械化、自动化的新技术,收集和推广运用视听资料已成为少儿图书馆事业必然的发展趋势。在少年儿童图书馆的实践工作中,需经常运用数学的方法,通过数据分析工作的进展与效果,实现计量化的管理。这一切说明少年儿童图书馆学与自然科学的研究范围发生了多种渠道的联系。

第三节　少儿图书馆学今后的研究任务

我国的少年儿童图书馆学是一门年轻的有待继续开拓的学科。因此,少年儿童图书馆学今后的科学研究,仍应坚持马列主义的辩证唯物主义观点,对我国少年儿童图书馆事业的历史发展和实际工作经验进行认真的总结,加以系统地、科学地研究,使经验升华为理论。尤其应加强少年儿童图书馆学的基本理论、应用理论的研究,揭示少年儿童图书馆事业的发展规律与少年儿童图书馆的工作规律,逐步建立起少年儿童图书馆学的理论体系。

少年儿童图书馆学还要着重研究建设具有中国特色的少年儿童图书馆事业。这必须运用马列主义的立场、观点、方法认真地分析我国少年儿童图书馆事业的现状及其发展趋势,从我国的国情出发,实事求是地制定少年儿童图书馆事业的发展规划,大胆地推进少年儿童图书馆的改革,博采世界各国之长,正确地处理批判与继承的关系,在借鉴的同时,不断创新,开拓新的研究领域,探寻一整套适合我国国情的建设少年儿童图书馆的新理论、新经验、新模式和新方法。

少年儿童图书馆学应当加强有关为少年儿童服务的图书馆的条例和法规的研究,这是对图书馆加强宏观管理和保障事业健康发展的有力手段。只有对少年儿童图书馆的性质、任务、地位、作用和图书馆的设置、馆舍、人员、设备以及藏书、目录、分类等各项业务工作的规格、标准等等作出原则的规定,提出明确的要求,才能使实践工作有法可依,依法办事,并为进一步推行条例化、规格化、标准化打好基础。这是少年儿童图书馆事业发展的必然趋势。

少年儿童图书馆学要深入地研究、不断地丰富和充实图书馆对待少年儿童读者工作的理论和经验。在研究工作中必须坚持四项基本原则,旗帜鲜明地反对资产阶级自由化,加强社会主义精神文明的建设,为利用书刊培育有理想、有道德、有文化、有纪律的一代新人作出积极的贡献。

随着科学技术的进步与发展,以电子计算机为主的各项先进技术在国内外的一些少年儿童图书馆逐步推广。少年儿童图书馆学的研究也要跟上历史发展的步伐,要立足本国,学习外国先进的技术和管理经验,不断研究提高传统工作的质量和效率,促使传统工作的方法和技术规范化,为新技术、新设备的应用奠定理论基础。

少年儿童图书馆学需要加强建立为少年儿童服务的图书馆网的理论研究。我国的少年儿童图书馆分属文化、教育、共青团、工会等各系统,应发挥文化系统的少年儿童图书馆的积极性、主动性,组织建立包括各系统少年儿童图书馆(室)在内的少儿图书馆网,打破条条的束缚,建立起条条与块块相结合的、长期的协作、协调关系。协同一致,群策群力,把少年儿童图书馆事业推向新的阶段。

儿童图书馆学还要研究充分发挥图书馆员的作用的问题。少年儿童图书馆的主要读者是成长着的、不断发展变化的未成年者,一切工作有赖于图书馆员掌握熟练的教育技能,通过图书馆的教育途径,并配合其他教育机构,完成培育新一代的艰巨任务。因此,研究如何培养建设一支热爱工作、献身事业、勇于改革、积极进取的少年儿童图书馆员队伍,是推动少年儿童图书馆事业发展的重要关键。

第二章　我国少儿图书馆事业发展概况

第一节　少儿图书馆的萌芽和诞生

我国古代虽有儿童读物,却没有少年儿童图书馆。封建社会的藏书楼只为统治阶级少数人服务。1840年的鸦片战争,揭开了中国近代史的序幕。由于帝国主义的侵略,我国由封建社会逐步沦为半封建半殖民地社会。甲午战争后,民族危机日益深重,维新变法运动走向高潮。维新派对办图书馆颇为重视。梁启超主张强学会应设有"书藏",陈列图书,供众阅览。

戊戌变法失败后,清廷为维护其封建统治,不得不废除科举制度,建立新教育制度。随着中小学堂的建立,需相应的设立学校藏书室。1905年(光绪31年),湖南成立我国第一所用图书馆命名的官办公共图书馆。随后,黑龙江、河北、湖北、福建相继筹设。1910年(宣统二年)颁布图书馆法规,不少省先后奏建图书馆。随着公共图书馆的建立,少年儿童图书馆(室)的设置和建立便提到了议事日程。

少年儿童图书馆的产生,经过了一定时间的宣传酝酿。从1901年到1910年,教育杂志等有关刊物发表了《设立儿童图书馆办法》等文章,并介绍了有关的外国经验,为少儿图书馆的诞生作了舆论准备。

辛亥革命后,近代图书馆大量涌现。1913年北京成立京师通俗图书馆,不久,添设儿童阅览室;同年,奉天省(今辽宁省)省城图书馆内附设公众阅报所、儿童阅览室。这就是少年儿童图书馆的萌芽。1917年10月,直隶省(今河北省)天津社会教育办事处举办儿童图书馆,并制定了儿童图书馆规则与阅览规程。服务对象:年龄在12岁以下,8岁以上,不分男女。馆内还陈列儿童玩具多种,管理员每日酌为试演一、二种。每月开儿童会一次,每年开演讲会、展览会各一、二次,并注意与小学校及蒙养园之联络。这个馆虽刚草创,不够完备,却是我国首次创建的少年儿童图书馆,应载入少儿图书馆发展史。

第二节　全国解放前,少儿图书馆事业发展概貌

辛亥革命后,军阀连年混战,他们根本不重视图书馆事业,少年儿童图书馆事业的发展停滞不前。但从20年代开始,特别是30年代后,在少年儿童图书馆的理论探讨方面掀起了热潮。一方面,由于教育界不断对少儿图书馆提出要求与希望;另方面,图书馆学界理论队伍逐步形成,他们中的一些人对欧美、日本等国的图书馆进行考察,深感我国少年儿童图书馆事业落后,加之图书馆协会的建立,专业刊物的创办,为少儿图书馆的理论探讨提供了条件。据不完全统计,20年代后发表有关论述文章25篇,30年代118篇,并且有一些译著,而20年代以前只有4篇。这些文章不仅涉及总论、藏书建设、分类编目、阅读指导……各方面,而且论述得比较系统深入,为少年儿童图书馆事业的发展奠定了一定的理论基础。

在教育界和图书馆学界的推动下,我国少年儿童图书馆事业有某些发展。1922年到1936年,上海、浙江省、天津市相继建立了四所儿童图书馆,更应提及的是1941年7月应永玉先生创办的

上海儿童图书馆。该馆有儿童读物一万多册，分类编目，共分为高、中、低级三种，以颜色识别、排列，实行免费开放，还有巡回图书车，到马路上巡回供儿童阅览。为便利路远儿童借阅图书，还设立流通站多处；为辅导儿童阅读，培养阅读兴趣，曾开展一些活动。如"小学各科阅读指导演讲"、"儿童读书报告比赛"、"儿童识字比赛"、"儿童科学作品展览"等，做出了一定的成绩，积累了一些经验。

全国解放前，宋庆龄在百忙中还关心少年儿童的读书问题，曾决定从中国福利基金会提出部分基金在上海为儿童设立图书馆。在进步学生和各界人士赞助下，1947年4月，儿童图书馆第一阅览室免费向儿童开放了。宋庆龄亲自出席剪彩，并请社会各界名流参加。郭沫若曾即席写新诗一首表示祝贺。[①] 这所图书馆除了阅览室、借书处外，还有写作室，使孩子们读书后有一个写心得体会的安静场所。

与此同时，中国共产党领导的苏区和解放区，尽管物质条件十分困难，但对图书馆和少年儿童的教育事业却相当重视。1933年9月，在"告全世界工农劳苦民众的宣言"中有这样一段话："中国苏维埃政府和红军开始就要做到这一点，就是使工人、农民、穷人、革命的士兵和知识分子们能够自由地干自己要干的事情，自己决定自己的命运……为要做到这一点，苏维埃政府就给了他们土地、房屋和工作，就为大人和小孩开办了许多不要钱的学校、识字班、图书馆、俱乐部等。"抗日战争时期，延安的中山图书馆于1942年8月增设"少年图书部"，积极地为少年儿童读者服务。延安市青联为协助党加强对孩子们的社会教育，成立少年团、儿童之友社，并出版了供少年儿童阅读与指导少年儿童工作的《少年》半月刊。

---

① 盛巽昌：《宋庆龄和儿童图书馆——解放战争时期在上海》，《青海图书馆》，1983年，第3期。

为进一步组织儿童学习,配合学校教育,市青联还筹建了儿童图书馆和儿童俱乐部。这一切,体现了党对下一代的关怀。

第三节　新中国少儿图书馆事业迅猛发展

中华人民共和国成立后,党和政府对培养下一代十分重视,少年儿童图书馆事业开始进入新的历史发展时期。

建国初期,北京图书馆才开展少年儿童阅览工作。1951 年 4 月,东北图书馆附属儿童图书馆开馆。1952 年到 1955 年,全国有一所独立的少年儿童图书馆,有少数市图书馆设有少年儿童分馆,约 60% 的公共图书馆设有少儿阅览室或阅览园。1955 年到 1964 年,少年儿童图书馆事业进一步发展。北京市、兰州市、山东、云南、湖北、沈阳等 15 个省市建立了少儿图书馆(室),天津市、武汉市、重庆市、杭州市也相继建立了少儿图书馆或儿童分馆。1957 年 7 月,15 个省市少儿图书馆(室)的代表还参加了在上海召开的有关会议,总结交流了经验。这段时期,宣传图书和阅读指导工作有所加强。广西、上海、北京、南京、武汉等省市少儿图书馆曾开展多种活动,如"红领巾"奖章读书活动、读书征稿展览会、化妆读书表演会、爱护图书和宣传好书展览会等,均收到较好效果。

新中国在发展图书馆事业的过程中,比较重视少儿图书馆阅读设施的建设。除公共图书馆外,文化馆也设立少年儿童阅览室,中小学图书馆(室)、少年宫和少年之家图书馆(室)也有一定发展。但由于底子薄,经费有限,少儿图书馆事业的发展还远远不能满足广大少年儿童的需要。

十年浩劫,文化教育事业备受摧残。经过解放后十多年的精心建设,刚刚打下一点基础的少儿图书馆事业,几乎破坏殆尽。"文革"期间,已经建立起来的少儿图书馆(室),大部被强令关闭,建制撤销，干部下放。多年辛苦积累的各种少儿读物横遭封存，甚至焚毁。天津市少儿图书馆截至"文革"前，馆藏各类图书达四十万册，工作人员近 50 名，设有五个阅览室、四个借书处。"文革"中被强行砍掉，图书被分，设备调出，人员下放，馆舍被占。一个好端端的少年儿童文化设施，毁于一旦，以致广大少年儿童缺乏阅读场所和读物，有些少年儿童在街头巷尾传看黄色、不健康的书籍，深受其害。

粉碎"四人帮"后，特别是党的十一届三中全会以来，党和政府在恢复、建立和发展少儿图书馆事业方面，做了许多艰苦细致的工作。1980 年，党中央书记处通过《图书馆工作汇报提纲》，要求"中等以上的城市和大城市的区都要设立少年儿童图书馆，县、区、市图书馆要设立少年儿童阅览室。"同年 10 月，中央文化部、教育部等五个部门又联合发出《关于切实解决青少年文化活动场所的意见》。党的十二大还把包括图书馆在内的各项文化事业的发展，列为两个文明建设的重要条件和内容。在国家的根本大法——新宪法中，对"发展图书馆事业"、"培养青年、少年、儿童在品德、智力、体质等方面全面发展"等问题，均作了明确的规定。由于各级党和政府的重视与领导、社会各方面的通力配合、支持，以及广大图书馆工作者的努力，全国少年儿童图书馆事业得到了迅猛的发展。到 1986 年底，全国地区、县级以上少儿图书馆有近百所，其中具有一定规模的市级以上的少儿图书馆 34 所，县以下少年儿童图书馆（室）近千所。中小学、少年宫、少年之家图书馆（室）也克服种种困难，纷纷建立。与此同时，上海、天津、长沙等城市街道和农村集镇集体兴办的少儿图书馆（室），也有较快的发展。上海的 124 个街道中，就有 108 个建立了少儿图书馆（室）。少数民族聚居地区的少儿图书馆事业也发展较快。

各地的许多少儿图书馆（室）始终把培养儿童从小树立共产主义理想、道德、情操作为重点，引导孩子们从小立大志，为祖国的四化建设献身。在配合学校教育、教学的同时,普遍重视开展以阅读指导为中心的各种有益活动。如举办各种知识讲座,组织报告会,召开书评会,放幻灯、讲故事等。在进行集体阅读指导的同时,有的放矢地进行个别阅读指导,并注意为病残儿童送书上门,使一些由于生理残疾而陷入痛苦的孩子,恢复了对生活的信心和勇气。有些馆还重视对少数后进或有劣迹的少年儿童的教育转化工作,并根据小读者的不同年龄特征与兴趣爱好,组织"兴趣小组",有针对性地为他们编制读书计划,指导读书的方法,或聘请社会各方面有专长的同志辅导。在这些小读者中,涌现出一批批"小诗人"、"小画家"、"小书法家"、"小科技制作家"。他们的不少作品被评为优秀作品,有的还荣获国际奖。

随着全国少儿图书馆事业的发展,少年儿童图书馆学的研究工作,也取得一些可喜的成果。为加强少儿图书馆之间的联系,交流经验,提高理论研究与业务水平,有些少儿图书馆创办刊物、编印业务资料,对提高少儿图书馆工作者的理论、业务水平起了积极的推动作用。

我国少儿图书馆事业虽有较大的发展,但与三亿多少年儿童的实际需要,特别是与社会主义两个文明建设的要求相比,不论事业的规模,还是工作的深度和广度,都不相适应。经费紧缺,馆舍不足。全国平均每42万少年儿童才有一个图书馆(室),6200个少年儿童才有一个阅览座位。少儿图书馆的物质条件急需大力改善,各类型少儿图书馆也宜不断发展。同时,业务干部缺乏,而且急需培训提高;阅读指导工作也有待进一步加强;与共青团、少先队、工会、妇联以及教育、出版等部门亦应密切地配合与协作。但总的说,少儿图书馆事业正方兴未艾,逐步走向繁荣昌盛。广大少儿图书馆工作者在党的领导下也正为开创新的局面而努力奋斗。

第三章 少儿图书馆与儿童教育

第一节 儿童教育的社会意义

儿童教育是一种社会现象,也是人类生存和社会生产不断延续的必不可少的条件之一。在各种制度下,教育从未间断过。

在生产力水平低下的原始社会中,对儿童和少年的教育,主要是依赖模仿和耳濡目染而得到提高的一种自然发展过程,他们在直接参加生产实践的过程中,获得必需的生活经验和生产知识。

到了阶级社会,儿童教育就带有明显的阶级性。学校教育是奴隶社会末期产生的。在奴隶社会,主要是培养奴隶主的子弟治理国家、抵御外患和用军事暴力镇压奴隶反抗的本领。

在整个封建社会发展的历史进程中,学校并非是对所有未成年者进行教育的组织机构。在这个时期,受教育的对象,有严格的封建等级的限制,只有少数统治阶级子弟才有受教育的资格,而且由于封建等级不同,所接受的教育也有差别。

到了资本主义社会,依然体现出教育的阶级性。列宁说:"自然,从前的一切学校都浸渗了阶级精神,只让资产阶级的子女学到知识。"①但是,由于资本主义大规模的机器生产,要求具有一定文化的能掌握机器的劳动者。为了攫取利润,资产阶级也不得不让

---

① 列宁:《共青团的任务》,《列宁全集》第31卷,第252页,人民出版社,1958年。

劳动者接受粗浅的知识。因此,从十八世纪开始,一些资本主义国家先后颁布了法令,确定对儿童进行普及义务的初等教育。在这种条件下,就使文化教育得到逐步普及与发展。

社会主义社会要求以真正的民主精神实行全民教育、普及义务教育,对年轻的一代进行全面发展的教育。我国宪法规定:"国家发展社会主义的教育事业,提高全国人民的科学文化水平。国家举办各种学校,普及初等义务教育,发展中等教育、职业教育和高等教育,并且发展学前教育。""国家培养青年、少年儿童在品德、智力、体质等方面全面发展。"使教育更有计划性、科学性,要在尽量短的时间内,把人类社会长期积累的知识、技能传授给新的一代。

在现代社会中,社会知识和科学知识总量增长速度的迅猛是极其惊人的。而现代社会的特点又是科学知识决定社会生产的发展水平和速度,同时,由于知识的增长速度极快,必然产生知识老化速度加快的问题。为顺应潮流,跟上历史前进的步伐,年轻一代不断接受教育已经成为适应社会变革要求的终身过程。

今天,全世界的少年儿童有 14 亿多,占全世界总人口的36%。我国三亿多少年儿童中有阅读能力的为两亿多人,是少年儿童最多的国家。培养、教育少年儿童是关系到我国前途、命运的一项具有战略意义的任务。宋庆龄曾强调指出:"儿童是我们的未来,是我们的希望,是我们国家最宝贵的财富。"①明天的世界将要由他们主宰,一、二十年以后,他们将成为四化建设、振兴经济的主力军和突击队,又是 21 世纪赶超世界经济发达国家的先头部队。做好对少年儿童的教育工作是百年树人的起点,是振兴中华、建设社会主义物质与精神文明的基础工程,是影响千秋万代的伟大事业。因此,必须把少年儿童的教育工作提到战略的高度来认

---

① 宋庆龄:《把教养儿童的责任担负起来》,《人民日报》,1957 年 6 月 1 日。

识,全党、全民都要重视和关心少年儿童的成长,竭尽全力把成长着的新一代培养、教育成为共产主义事业的可靠接班人。

第二节　少儿图书馆的教育特点、作用

一、少儿图书馆是重要的社会文化教育机构

少儿图书馆是利用适合少年儿童阅读的书刊资料和信息载体,对广大少年儿童进行思想品德教育、科学文化知识教育的社会文化教育机构。1981 年国务院在有关的文件中明确指出:"少年儿童图书馆是我国图书馆事业的重要组成部分,是以广大少年儿童为对象的重要的社会教育机构。"说明少儿图书馆除具有一般图书馆的社会性、科学性、教育性、服务性等性能外,更具有明显的社会文化教育特性。

当代社会,各种信息大量增加,少年儿童除在学校的"第一课堂"接受教育外,还要在广阔的社会环境中接受思想和文化知识教育。即要通过课外书籍、报纸、杂志、广播和电视等"第二渠道"或"第二课堂"传递即时信息来培养教育。这是今天造就人才不可忽视的重要途径。而少儿图书馆正是通过对图书、报纸、杂志的宣传,加强阅读指导,以及开展多种图书活动来实现对少年儿童的教育任务的。它能使少年儿童获得较宽的知识面,并有处理、加工各种信息的能力,使他们的智力潜能得到发展,成为既能继承过去,又能创造未来,既掌握基础理论,又有动手能力的有理想、有文化、又聪明能干的社会主义建设人才。

二、少儿图书馆与学校、其他社会文化教育机构的区别和作用

（一）家庭、学校与社会文化教育机构的关系

人的思想、才能、个性的形成与发展都离不开现实社会,必然要受社会各方面因素的影响和制约。少年儿童的思想、品德与个性的形成,是社会、学校、家庭等各种条件积极教育影响的结果。

学校是施行教育的专门机构,是培养社会主义革命和建设人才的主要阵地。它具有按照社会的严格要求对学生进行有组织、有系统的全面教育的功能。它可根据受教育对象的不同年龄和心理水平,逐步使其掌握一定社会的基本知识和生产技能。

家庭教育,是父母或其他年长者在家庭里对少年儿童实施的教育。它是一个国家和社会整个教育事业的有机组成部分,是教育的一种基本形态。在家庭教育中,父母起决定性的作用,并具有一定的权威性和强制性,再加上耳濡目染和主动模仿,父母或其他年长者的思想、行为与习惯都对孩子起潜移默化的作用。尤其是早期的家庭教育,对孩子的道德品质、个性特征的形成,智力、体力的发展,以及兴趣、爱好、发展方向都产生着巨大的影响。

随着时代的进步和发展,人们越来越重视对少年儿童的教育,也创办了更多的社会文化教育机构,如少年儿童图书馆、少年儿童活动中心、少年宫、少年之家、少年科技站、少年业余体校等来加强对少年儿童的教育。这些校外文化教育机构都对学校教育起重要的补充和积极的促进作用,并为少年儿童的全面发展提供了广泛的可能性。

少儿图书馆是社会文化教育机构之一。它通常是采用寓思想品德教育、科学文化知识教育、读书能力教育、阅读技巧方法教育、利用图书馆自学成才的教育等于系统化、多样化、经常化的读书活动之中,以积极宣传、多方启示、热忱辅导的方式方法,充分发挥藏书资源的作用,开发少年儿童的智力资源,从而补充、延伸学校教育,推动、促进其他社会文化教育机构的工作。

学校和社会文化教育机构对家庭教育起主导作用。它们的责任是调动家长教育子女的积极性,组织和指导家庭教育,使家长与校内外的教育工作者密切合作,支持、配合学校与社会教育。相同的教育对象、相同的目的和愿望,把学校、家庭与社会紧密地联系在一起,共同完成教育少年儿童的艰巨任务。社会、学校、家庭教育都是从各自不同的角度来培养年轻的一代,彼此都有互相替代不了的特殊作用。只有使它们互相衔接和协调一致,让少年儿童生活在广阔的社会主义教育网之中,才能有效地对其进行德、智、体、美、劳全面发展的教育,使其成为具有共产主义远大理想、有道德、有知识、有体力,立志为人民、为祖国、为人类作贡献的一代新人。

(二)少儿图书馆与学校、其他社会文化教育机构的区别

少儿图书馆能依据少年儿童的年龄、心理特点开展教育工作,并针对他们的要求、愿望和需要确定教育的内容和方法。他们在图书馆的学习过程,是以自己的独立阅读为主,根据各自的兴趣和爱好自觉参加的活动。他们的学习范围相当广泛,内容极为丰富,形式也多种多样。阅读图书的自愿性,内容的多样性,组织形式的灵活性,是少儿图书馆不同于学校教育的地方。

少儿图书馆以图书为教育读者的工具,全部活动是围绕组织和引导少年儿童多读书、读好书这一中心开展工作的。这是少儿图书馆与其他社会文化教育机构的不同之处。

(三)少儿图书馆的教育作用

1.少儿图书馆组织学生课外阅读可与学校"第一课堂"教学相并列,使学生能同时从两个平行渠道去获取知识。在组织阅读时,则不受教材内容、教学程式的约束,不受时间与师资条件的限制,充分运用各种现代化的工具和书籍、报刊向少年儿童读者源源不断地提供新的情报信息,传播最新的科学技术知识与创造发明的先进经验,使他们能紧紧跟上时代的步伐。

2.中小学的课程都是基础知识,而且许多都有工具性质,是少年儿童将来从事社会生产和掌握科学文化知识的基础。少儿图书

馆通过组织课外阅读,帮助他们牢固地掌握基础知识,加深理解与巩固课堂学习的内容,并不断地丰富和扩大他们的知识范围。少儿图书馆为少年儿童广泛而牢固地掌握知识建立了巩固的"大后方"。

3.少儿图书馆能极大的丰富少年儿童的学习和生活。读者可根据自己的能力和爱好选择图书、利用报刊资料,使他们保持自由的、良好的、饱满的学习情绪,充分发展其个性,培养其独立性,促使其个性和才能充分发展。

4.少儿图书馆能帮助读者提高自学和自我教育的能力。自学能力,是指在已有的文化知识基础上,运用正确的读书方法,独立地进行学习的能力。它是建立在掌握基本的阅读知识,学会使用工具书,以及具备实际的动手能力基础上的。它有双重特点:①独立性,是不依赖于他人的一种学习能力;②综合性,有效的自学能力是包括观察、阅读、思维、想象、表达和实验等能力在内的综合体。它既需要教育者的积极辅导帮助,又要少年儿童自己去多方实践。

少年儿童的自学能力,不是单靠课堂教学来提高的。少儿图书馆在培养少年儿童的自学能力方面发挥着积极的作用。少年儿童积极地利用图书馆,学习和掌握正确的读书方法,读书愈多,则阅读、表达和理解能力愈强。同时,许多知识又是相通的,少年儿童的阅读兴趣广泛,知识面宽,就可以产生丰富的联想,增强想象与思维能力,从而大大提高自学效果,并能促使其积极地思考、发现和探索问题的答案,在学习中表现出主动性和创造性,其智力也会随之得到发展。

自我教育,是指在自我意识的基础上,产生强烈的进取心,向自己提出任务,进行自觉的思想转化,并主动采取培养自己的道德品质的活动。

少年儿童在成长的过程中,接受少儿图书馆(室)的宣传教育,能够从图书中找到自己的学习榜样。随着阅读范围的扩大,知识的增长,理论水平的提高,他们不仅能奠定科学世界观的基础,而且能掌握判断是非的标准和依据,从而树立明确的道德观念,善于自觉地控制自己的行为和举止,努力发扬优点,克服缺点,积极抵御各种不良思想的腐蚀和侵袭,使自己成为革命事业的可靠接班人。

第三节 少儿图书馆的职能、任务

一、少年儿童图书馆的职能

少儿图书馆是社会教育机构。它具有独特的教育特点和作用,因而也承担着各种不同的教育职能。

少儿图书馆必须根据党和国家的需要,将少年儿童培养成具有共产主义的思想、道德品质,并有创造的志向和才能的一代新型人才。少儿图书馆担负着思想教育和文化教育的职能。

少儿图书馆应向少年儿童传递最新的科学技术知识信息,提供各种最新的图书情报资料,还要尽力采用现代化手段加速图书文献资料的传递。它担负着普及文化科学知识、传递科学信息的职能。

图书资料是少儿图书馆开展教育工作的物质基础。少儿图书馆必须搞好藏书建设,经常搜集、整理图书资料,妥善地保存,并使其能充分地为社会所利用。它承担着保存图书文献资料的职能。

少年儿童图书馆是通过借阅书刊向少年儿童提供各种服务来开展教育工作的。它必须千方百计地满足少年儿童读者在学习上的要求,帮助他们寻找所需要的书刊资料,又根据他们各自的特点,有针对性地推荐书刊。它担负着服务读者、培育人才,为社会主义教育事业服务的职能。

少儿图书馆是千百万少年儿童共同利用图书资料和在校外继续学习、深造的场所，是他们接受"终身教育"的起点站，是没有毕业期限的社会大学校，也是涉及到千家万户的社会教育事业。必须充分地利用社会力量，努力办好，才能使其有效地施教于少年儿童，普遍地服务于社会。就知识财富的继承性和社会利用的广泛性来看，少儿图书馆也担负着社会教育的职能。

二、少儿图书馆的任务

少儿图书馆是少年儿童重要的社会教育场所。它既是学校教育、教学的重要补充，又是独立地培育少年儿童智能的活动中心。它的具体教育任务是：

（一）根据党和国家新时期的教育任务，通过图书对少年儿童进行爱国主义、集体主义和国际主义教育，以及共产主义思想品德的教育，把他们培养成为爱祖国、爱人民、爱劳动、爱科学、爱社会主义、奋发有为的共产主义事业接班人。

（二）配合学校教育帮助少年儿童深入掌握各科的基本知识和技能，用先进的科学知识丰富、充实学校的教育内容，引导他们跟上时代发展的步伐，并锻炼、提高他们掌握知识、解决实际问题的能力，使他们既会动脑，又会动手，善于思考，勇于探索，并有所发明、有所创新的一代新人。

（三）广泛地吸引少年儿童到图书馆阅读，帮助他们掌握利用各种书目参考资料选择图书，获取所需要的文化科学知识，养成良好的阅读习惯，并能独立地利用图书馆的能力。

（四）为教师、辅导员、儿童文学家、少年儿童报刊编辑、儿童教育家、共青团、少先队干部等一切从事儿童教育工作和研究人员及时报道和提供情报资料。有条件的少儿图书馆还可专门为他们设立资料室，并与他们共同研究，互相配合，更好地对少年儿童进行教育。

（五）对本地区基层少儿图书馆（室）进行业务辅导，组织本地区各系统少儿图书馆（室）间的协作，开展图书馆为少年儿童服务工作的研究，促进少儿图书馆事业的发展。

第四节　少儿图书馆的类型、工作内容

少年儿童图书馆（室）是指拥有少年儿童阅读的图书，有一定的人员编制和房舍条件，专门为小学一年级至初中三年级（6、7岁—14、15岁）少年儿童服务的图书馆（室），同时兼顾学龄前儿童、高中学生与儿童教育工作者。

有些国家如英、美等国，把婴幼儿都纳入少儿图书馆的服务对象，以启迪和培养孩子们的智力。值得我们参考、借鉴。

少儿图书馆的概念，包括独立的少儿图书馆及其分馆和成人图书馆的少年儿童阅览部（室）。

按照联合国教科文组织的规定：每一万人口的市应有儿童工作专家，有少儿阅览面积至少75—100平方米；一万至二万人口的市应有150平方米，少儿图书应占藏书总量的三分之一；应允许家长陪同儿童入馆，以及允许少年儿童在馆内温课。①

一、我国少年儿童图书馆的类型

少儿图书馆（室）按照不同标准，可分为不同的类型。

（一）按主管部门和领导系统划分

1. 文化系统即公共图书馆系统的少儿图书馆（室），包括省、

---

① 参看罗屏：《浅谈儿童心理学在图书馆的应用》，《儿童图书馆》，1983年第4期，第6页。

市、自治区；市、区、县少儿图书馆（室）；省、市、区、县公共图书馆、文化馆的少儿图书馆分馆（室）；城市街道和农村乡镇少儿图书馆（室）等。

2. 教育系统的学校图书馆（室），包括中小学图书馆（室），幼儿园图书馆（室）等；各级教育部门建立的独立的少儿图书馆（室），区少年宫、少年之家图书馆（室）等（目前，我国省、市级少年宫属共青团系统，而区少年宫、少年之家则属教育系统）。

3. 共青团系统的少儿图书馆（室），包括省、市、自治区少年宫的图书馆（室）；各级共青团举办的少儿图书馆（室）。

4. 工会系统的少儿图书馆（室），包括省、市、区、县工会图书馆附设的少儿图书馆（室）；工厂、企业单位建立的少儿图书馆（室）等。

（二）按藏书量划分

根据少儿图书馆（室）的藏书量大致可划分为：

1. 大型少儿图书馆，藏书 25 万册以上。

2. 中型少儿图书馆，藏书 5 万册以上。

3. 小型少儿图书馆，藏书 25000 册以上。

（三）按体制划分

1. 国家举办的少儿图书馆。省、市、自治区少儿图书馆（室）；市、区、县少儿图书馆（室）；中小学图书馆（室）、少年宫、少年之家图书馆（室）等。

2. 街道和农村集镇集体举办的少儿图书馆（室）。

3. 工会和工厂、企业单位举办的少儿图书馆（室）。

4. 私人举办的少儿图书馆（室）。

二、少儿图书馆的工作内容

少儿图书馆（室）需要做好以下工作：

（一）吸引本地区的少年儿童到图书馆阅读，进行读者登记，组织读者队伍。

（二）根据读者的年龄特点和各地区、各民族的不同条件，搜集、整理、保管藏书。

（三）对个人和集体开展阅览、借阅图书的工作。

（四）采取流动图书馆、流动图书车等形式为距离较远的学校、少先队夏令营、少年儿童活动中心及其他儿童教育机构送书上门。

（五）开展个别阅读指导，帮助少年儿童读者正确地理解图书，扩大他们的知识领域，培养他们的新的学习兴趣。

（六）利用各种形式，广泛宣传、推荐图书，开展群众性的阅读指导。

（七）组织各种兴趣小组，使少年儿童深入理解图书内容，促使其智能的发展。

（八）开展书目参考咨询工作，对少年儿童阅读过程中提出的问题进行辅导。

（九）对读者进行利用图书馆的基础知识教育，培养他们逐步具有独立利用图书馆的能力与文明的阅读习惯。

（十）组织儿童服务员队伍，协助少儿图书馆（室）开展工作。

（十一）对本地区基层图书馆（室）与各系统图书馆（室）的儿童服务工作进行业务辅导和协调工作。

第四章　少儿图书馆读者调查研究

第一节　少年儿童的年龄特征

一、研究儿童年龄特征的意义

在人的一生中,儿童是心理发展变化的最快时期之一。各年龄阶段的儿童,具有一定的心理特征。掌握儿童心理发展的阶段性,并对其进行教育工作,是马列主义重要的教育原理之一。马克思指出:"对儿童和少年工人应当按不同的年龄循序渐进的授以智育、体育和技术教育课程。"①鲁迅也是十分注重孩子的年龄特征的,他主张给儿童阅读的图书必须考虑到他们的特殊要求和年龄差别。儿童的年龄特征是少儿图书馆采取区别对待小读者原则的依据,也是其做好教育工作的先决条件之一。

儿童与成人经历不同,虽然儿童与成人有时也看同样的书籍,但他们对书中事物的认识和理解程度却不相同。因此,少儿图书馆在工作中应掌握儿童身心发展的规律,了解儿童与成人之间,各年龄阶段儿童之间,对图书的兴趣、要求、理解程度和接受能力的差别。要善于用少年儿童喜爱的读物来启发他们的想象力,激发他们的情感,采用孩子们喜闻乐见的形式对他们进行思想教育、传

---

① 《马克思恩格斯全集》第 16 卷,第 218 页,人民出版社,1964 年。

播文化科学知识,这才能在工作中克服成人化的倾向,收到显著的教育效果。

二、少年儿童的一般特点

(一)可塑性大

少年儿童正处在生长发育阶段,各方面都没有定型。随着生活环境的变化、教育的影响与知识面的不断扩大,逐渐形成性格、品德和对周围事物的看法。但他们的思想认识和行为表现是不稳定的,会随着教育而起变化。他们易于接受革命的思想教育,也易于受到各种错误思想的影响。

(二)思维的具体性,逻辑思维能力较弱

尤其小学低年级儿童思维的直观性更显著,他们不能通过具体现象概括事物的本质。即使是初中阶段的学生抽象思维的能力也还没有达到完善的程度。

(三)模仿性较强,缺乏独立判断是非的能力

少年儿童知识少,生活经验不足,他们常会照样模仿在图书中看到的事物。简单的仿效在低年级儿童中尤其显著。革命前辈的斗争业绩、少年儿童的英雄形象,给他们树立了典范,提供了学习的榜样。但由于他们缺乏辨别是非的能力,有些孩子甚至也学习、模仿图书中描写的反面人物的言行,或生活中的不良习气与坏事,滋长了邪气。

(四)求知欲旺盛、自觉性与自制力较差

少年儿童的好奇心强,兴趣广泛,而且活泼好动,随意注意水平较低,自觉性与自制力较差,不能持久地把注意力集中在一件事情上。根据心理研究的观察材料说明:

(1)5岁到7岁的儿童能聚精会神地注意某一事物的时间平均为15分左右。

(2)7—10岁儿童为20分左右。

（3）10—12岁儿童为25分左右。

（4）12岁以上为30分左右。

第二节　各年龄阶段儿童的基本特点

一、学龄前儿童（幼儿期）的心理特征与阅读特点

（一）学龄前儿童的心理特征

这一阶段儿童一般指3－6、7岁的学龄前儿童。在这一时期，儿童的身心各方面正在迅速发展，开始具有参加成人的社会实践活动的愿望。但他们的能力还很有限，知识、经验非常缺乏，还不能很好地控制自己的行动。由于第二信号系统不够发展，他们主要是以直观表象的形式来认识外界事物，带有明显的具体形象性。

幼儿的无意注意达到了高度的发展，因此，注意力不易集中、持久，易为外界新颖事物的吸引而转移。

在记忆方面，对于感兴趣的、印象鲜明强烈的事物容易记住。有意识记和记忆的能力逐步得到发展。

幼儿的思维是凭借具体形象的联想来进行的，进而趋向于主要依靠词来理解事物。

幼儿想象的主题容易变化，有时跟现实分不清，富有幻想性。他们不善于控制和调节自己的情感，同时，社会性的情感也开始产生和发展。

学龄前儿童意志的自觉性、坚持性、自制力还很差，能初步理解好坏、团结、互助等道理，但往往被兴趣所制约。这一时期，又是人的个性初步形成的时期。

幼儿的语言正处在发展阶段，开始学习运用连贯性的语言表达自己的思想，但表达能力很弱。儿童语言的发展是整个智力发

展的基础,要尽早培养孩子的言语表达能力。

（二）学龄前儿童的阅读特点

1.幼儿好动不喜静,他们的阅读是凭兴趣进行的,自己安静的读书时间,一般最多不超过20分钟,少则只几分钟。因而采取跟孩子谈话、给他们读书、讲故事中具体内容的方法,会引起孩子更大的兴趣,容易产生实际效果。

2.幼儿一般对童话、传说故事有浓厚的兴趣,特别是对情景性的夸张的描写更为关注,而新颖的词句对他们则有特殊的吸引力。

3.幼儿选择图书往往着眼于图文并茂、图画颜色鲜艳的书籍,但阅读时常常集中注意看图,忽视理解文意。

4.学龄前中期的儿童出现了抽象逻辑思维的萌芽,进入"提问时期"。他们在阅读过程中常常会提出大量的有时是成人所不能想象的问题。科学的对待提问,并有技巧地给予回答,是启迪孩子创造力和求知欲的良好方法。

根据学龄前儿童的心理特征与阅读特点,在幼儿中开展图书活动是非常必要的,它是发展幼儿言语、对其进行教育的重要途径。法国教育家认为:"阅读,是有助于儿童智力发展的创造性活动"。法国教育与社会心理院长拉歇尔·科恩在《支持早期阅读的论据》一文中指出:"孩子在六岁以前比以后更容易学习阅读,文字和声音的辨认对一切幼儿成为一种有刺激性的游戏。"[1]在阅读过程中,通过严格训练,幼儿能接受极其丰富的教育,发展感觉、知觉、时空概念。

现在,世界上有些国家把图书馆的服务工作普及到幼儿中间。美、英两国的公共图书馆已向三岁幼儿开放。日本教育界、文化界的图书馆系统和出版界发起了培养幼儿阅读兴趣的运动。鼓励妈

---

① 参看严祖德:《论图书馆对幼儿的阅读指导（下）》,《儿童图书馆》,1983年,第4期。

妈每天抽出一定时间开展"母子读书 20 分钟"、"亲子读书"活动。

我国有些少儿图书馆也为幼儿园大班组织"我和爸爸妈妈一起读书"幼儿辅导组,开办《幼儿之家》,安排幼儿园大班儿童轮流到图书馆参加各种阅读活动。这种阅读活动,对儿童进行早期教育,开发智力,能起积极的作用。少儿图书馆应创造条件为幼儿提供这种良好的有益的"智育性"活动。

对于个别智力超常和具有特殊才能的幼儿,不仅应早期培养他们的阅读习惯和阅读技能,还要采取更积极的措施,以早期开发其智力,培养人才。

二、学龄初期(一般指小学期)儿童的心理特征和阅读特点

(一)学龄初期儿童的心理特征

这一阶段,一般指 6、7 岁—11、12 岁的儿童。他们开始进入学校,受正规的有系统的教育,并有意识地参加集体生活。他们对外界的感知能力有所增强,知觉的有意性、目的性逐渐发展起来。表现在知觉能服从于一定的目的、任务,并具有选择性和持续性,因而渐渐能做到较长时间进行听讲与阅读。

学龄初期儿童的有意注意即对抽象材料的注意正在逐步发展,而以直观的、具体的事物所引起的无意注意,仍起着重要的作用。因此,学龄初期儿童的注意经常带有情绪色彩,容易为一些新异刺激而兴奋,同时,注意的外部表现很明显。

小学生记忆的数量在增加,质量在提高。随着知识的丰富和智力的发展,意义的、理解的识记逐渐占主导地位,词的抽象的识记也在迅速发展。

他们从以具体形象思维为主要形式逐步向抽象逻辑思维过渡,但仍具有很大的感性经验成分。他们不但能理解一些具体材料,而且开始能够理解一些抽象材料,判断推理能力在不断增强。

在学习过程中,学龄初期儿童想象的有意性迅速增长,更富于现实性。随着言语和抽象思维的提高,他们从模仿性、再现性的想象逐步向创造性想象发展。知识经验的积累,为小学生丰富想象力创造着良好的条件。

小学生入学后,受到各种社会性情感的陶冶,情感的内容不断丰富,深刻性不断增加。在集体生活中体验着个人和集体的关系,团结、友爱的感情。在独立学习和集体活动的锻炼下,控制、调节自己感情的能力逐步提高。情感的稳定性和平衡性日益增长,道德感、理智感、美感等高级感情有了进一步发展。

学龄初期儿童活动的社会意义的动机和目的开始表现,克服困难并按预定目的去完成任务的能力在不断增强。他们的自觉性、坚持性和自制力有所提高。

在集体活动中,学龄儿童进一步形成个性品质。自我意识进一步发展,逐步学会能按一定原则独立地、批判地评价自己的言行。他们的道德意识开始增长,能初步理解和掌握社会道德原则的实质,作为评价自己和别人行为的依据。

学龄儿童言语的自觉性和连贯性有很大进步。在掌握口头言语的基础上进一步掌握书面言语。随着口头、书面言语的发展、智力水平的提高,他们的内部言语逐步形成和发展,思维和表达能力也大大前进了一步。

(二)学龄初期儿童的阅读特点

低年级(小学一、二年级)读者

1.低年级儿童,在认识世界和掌握文化知识上,均值启蒙时期,宇宙万物对他们都是新奇的,具有极大的吸引力。但他们面对丰富多彩的图书,却缺乏选择能力。

2.他们还不能很好的掌握阅读技巧,常用手指着读物并读出声音,却不能及时消化读过的东西。由于知觉上的弱点,他们容易把字形相同、发音相似的字、词混淆,读时不思考其意义,而是加以猜测。他们甚至能把全文背得很熟,却讲不出其中心思想。对空间、时间和数难以形成抽象概念,而把长时间、长距离缩短。

3. 低年级读者不能持久地把注意力集中在读物上,但色彩鲜艳、形象鲜明的图画故事却能引起他们的兴趣。辅导阅读时,一边讲故事,一边看图画,效果比较好。

4. 一、二年级小学生想象力丰富,爱幻想,富于感情。他们爱听远离现实生活,又有许多美妙意境的神话故事。这些故事容易引起他们的同情心,产生鲜明的爱憎感情。童话、寓言、动物故事简短易懂,情节优美,新颖奇异,十分接近他们心理的幻想成分,也容易引起他们的兴趣,但却很难理解其中的教育含意。

5. 新的研究成果认为[1]:小学一、二年级的两年时间,可以使儿童有趣而牢固地掌握两千多汉字。这是一项具有重大意义的科学实验成果。儿童认识了两千多字,就可以读书、看报,进入掌握书本知识的广阔领域。7—8 岁儿童是发展口头和书面言语的最佳时期,可以借助汉语拼音,鼓励他们多读书。实践证明:低年级学生借助字典,可以独立阅读大量的课外书籍[2],这对开发儿童的智力大有裨益。

中年级(小学三、四年级)读者

1. 中年级儿童由于接触社会比较广泛,他们的兴趣也在逐步扩大,并能表达自己的兴趣和爱好,但他们的兴趣不定型。

2. 中年级学生随着身心的发育成长,知识经验的增多,开始爱好自主、自动,但自主、自动的能力还比较弱。在阅读上,开始具有一些辨别能力,对图书有一定的选择能力,但不成熟。

3. 三、四年级学生渐渐喜爱反映现实生活的作品,有些也喜欢民间故事、童话故事、战斗故事和儿童生活故事。由于他们逐渐懂

---

[1] 参看包全恩、孟广智:《小学语文教学的一个新突破,"变先识字后读书"为"先读书后识字"》,《光明日报》,1984 年 3 月 22 日。

[2] 参看柴崇茵:《智力挖潜大有可为》,《光明日报》,1980 年 8 月 25 日。

得国家大事,对于社会政治通俗读物也能接受了,到后期,对科普读物也开始发生兴趣。

4.中年级学生的集体关系深化了,集体生活的内容和相互关系比低年级时丰富复杂。他们关心集体的荣誉,喜爱阅读反映学校与儿童现实生活的故事,尤其描述儿童英雄形象的故事。他们从作品中受到激励,并能找到自己模仿的对象。

5.中年级儿童突破了识字关,进入了广阔的知识世界,同时又开始锻炼写东西,把自己所见、所闻、所想用文字表达出来。他们的求知欲和表现欲很强,好奇心和好胜心炽烈,学习兴趣浓厚。

高年级(小学五、六年级)读者

1.小学高年级儿童,由于社会信息增多,活动领域与外界的接触交往都较前扩大,对社会上的某些现象,开始有自己的见解。随着学习课程的范围加宽,阅读兴趣愈益广泛,增长了自觉读书的要求。除文艺读物外,通俗的科学技术知识,包括社会科学知识、自然常识、无线电、半导体、电视机的制造与修理等都有浓厚的兴趣。他们有探索和创造的愿望。

2.小学高年级男孩子的阅读兴趣转向喜爱情节紧张的战斗题材小说,机智勇敢的英雄人物故事以及惊险神秘的科幻小说等。女孩子则偏向于爱好生活故事,其他文艺优秀作品,还较喜爱动植物方面的知识。

3.由于思维能力的提高,好奇心的发展达到更高的程度。对宇宙万象和新奇事物都要求得到合理的科学的解释;对文艺作品中,细致地描写斗争背景和英雄行为的心理活动,也要求作进一步分析。

三、学龄中期(一般指少年期)儿童的心理特征和阅读特点

(一)学龄中期儿童的心理特征

这个阶段一般指 11、12 岁—14、15 岁的少年。这是从儿童期

（幼稚期）向青年期（成熟期）过渡的时期，是一个半幼稚、半成熟的时期，也是独立性与依赖性、自觉性与幼稚性错综矛盾的时期。

这个阶段的学生，学习仍是主导的活动，但学科门类、数量大大增加。学科内容在体系上已接近科学体系。学习中，需要大量掌握各种科学概念，进行逻辑判断、推理和证明，这就要求他们在理解的基础上进行记忆，进而锻炼了他们的词的抽象识记能力，但他们的形象识记仍在发展。中学阶段是人的一生中记忆力的"最佳时期"。

学龄中期儿童由于课外活动和社会联系范围扩大，他们的生活经验日益丰富，对客观外界事物的认识能力也不断提高。在感知方面，有意性和目的性更加发展，精确性和概括性更为提高，出现了逻辑性知觉，能够把一般原理规则与个别事物或问题联系起来认知。少年期注意力的集中性和稳定性在不断增长，他们能够有意识的调节和控制自己的注意，有意注意日益起着更重要的作用。

学龄中期儿童的抽象逻辑思维日益占有主要地位，但思维中的具体形象成分仍起重要作用。思维的独立性和批判性有了显著的发展，但易产生片面性和表面性。

学龄中期儿童想象的有意性在迅速增长，想象十分丰富、生动而又十分复杂。随着年龄的增长，创造性想象成分日益增多，他们的幻想逐步由虚构向现实的方向发展。

这一时期的儿童的社会性情感，在广度和深度上都远远超过学龄初期儿童，但富于冲动性，不够稳定。由于社会交往的增加，表现出强烈的友谊感；由于集体生活的扩展和教育，也促使他们追求集体的荣誉和成就。

学龄中期儿童的意志发展很不平衡，往往与其情感富于冲动性有关。他们有时表现很强的意志力，有时却又轻举妄动。

学龄中期儿童的词汇、言语结构很快得到发展，使得语言更概括、紧凑，更富有表达能力。他们的内部言语与思维交互地发展与

34

提高。

学龄中期儿童在个性发展上，自我意识开始指向于自己的内心世界，能自觉地评价别人和自己的个性品质。同时，道德、信念和理想初步形成，世界观开始萌芽，使其个性发展提高到新的阶段。

（二）学龄中期（少年期）儿童的阅读特点

1.少年期学生的学习内容日益丰富和深化，兴趣也更多样，具有选择性和分化性。他们对文学、艺术、科学技术及生活中的许多事物都有较广泛的兴趣，并在某些方面产生更强烈的爱好和兴趣。对科学技术活动，有制作和钻研的劲头，求知欲旺盛。他们开始憧憬未来，建树理想，"少年多志"是这个时期的特点。他们已有为建设祖国干一番事业的理想和抱负。

2.少年期学生希望阅读具有一定思想性、艺术性的作品。卓越的社会活动家、作家、艺术家的作品；科学家传记、侦探惊险小说；战斗英雄的故事、勇敢的忠于祖国的少年英雄的故事等都很喜欢。此外、历史故事、通俗科学读物以及结合学生生活实际的科学小品和历史人物故事等对他们也有一定吸引力。

3.他们开始追求了解人物的内心世界、行为的动机，评价作品中主人公的心理活动，尊敬有坚强意志的英雄人物，并把他们当做学习的楷模。

第三节 读者调查研究的种类和方法

一、调查研究少年儿童读者的要求

（一）了解少年儿童读者阅读的共同特征与分析个别读者的阅读心理特点相互联系

小读者的阅读特点和阅读兴趣的发展,既有各年龄阶段的共同性,也有个别读者的特殊性。因此,不仅需要研究少年儿童读者一般的共同特征,也要深入地分析研究他们阅读心理发展的特殊事实和个别差异。只有把阅读的价值和图书的作用,放在小读者所处的生活环境中,从少年儿童读者个性心理的发展和变化上来认识,才能获得正确的答案,也才能客观地分析个别小读者阅读心理的特殊性。

(二)调查研究小读者与调查研究图书相结合

图书是少儿图书馆员用以教育小读者的工具。熟悉图书是少儿图书馆员做好本职工作、研究教育对象、探索少年儿童读者内心世界的必要手段。馆员不仅要了解各类图书的一般特点和大致的内容,以便掌握馆藏图书的结构和概略的情况,而且要认真了解优秀文学艺术和科学技术等读物的内容、教育特点及其思想与学术价值,还要研究小读者对图书的见解和特有的思想感情,掌握小读者感兴趣的各类型读物的基本特点和主要内容,以便针对不同读者的具体情况,推荐适当的图书,进行具体的帮助和教育,进而对少年儿童读者的阅读作深入的分析研究。

(三)调查研究小读者与培养教育小读者同步进行

少儿图书馆对小读者的调查研究必须符合教育原则,不能向他们提出与共产主义教育任务相矛盾的问题,或作有损儿童心身健康的研究,即不能使研究工作与教育工作脱节。应在对小读者调查研究的同时,针对小读者的具体情况,向他们宣传推荐图书,有计划地进行阅读指导,引导小读者正确地选择图书,培养小读者对优秀书刊的阅读兴趣,帮助其深刻理解图书内容。也就是应在培养教育小读者和阅读指导的过程中,对少年儿童小读者进行调查研究。

还应该看到,人的个性特征是社会关系的总和。少年儿童读者个性的特点、阅读的兴趣、爱好和才能,是在教育条件的影响下发展起来的,是随着教育、培养而起变化的。为此,对小读者的调查研究不能孤立地进行,而应考虑社会环境、客观条件在促进其兴趣、才能发展上的重要作用,才能对小读者的个性形成和发展施以积极的教育影响。

二、读者调查研究的种类

（一）个别小读者的调查研究

这是对个别小读者的基本情况、阅读水平和阅读心理的探讨研究。应了解个别小读者的阅读特点、倾向、理解能力和阅读效果。即要掌握个人在阅读过程中表现出来的兴趣、爱好、能力、气质、性格等特点。

（二）各年龄阶段小读者的调查研究

这是建立在对个别小读者调查研究的基础上,进而对各年龄阶段小读者的阅读特点、阅读倾向的分析研究。

（三）专题性的调查研究

这是根据不同时期、不同的任务,拟定专门的项目,有具体内容的调查研究工作。

三、读者调查研究的方法

（一）观察法

观察法是儿童教育与心理研究工作中最常采用的方法,也是少儿图书馆有计划、有目的在图书馆各项活动中和平时观察小读者言行举止的状况和变化的方法。主要有:观察小读者借阅图书的情况,在阅读中对书刊所反映的意见,在开架借阅的情况下,他们怎样选择书籍,怎样与同伴交谈读物的内容。对少儿图书馆组织的各种群众性活动的态度,参加读书活动的情绪,在图书讨论会上对书籍的评价和意见以及和同伴进行争辩的情况等等,并根据观察所得作必要的记录,进行统计,分析处理,以进一步研究少年儿童读者的阅读心理、阅读兴趣和需求。

根据观察的不同目的,可分为不同的观察法。

从观察的时间上,可分为:

长期观察:对少年儿童读者到少儿图书馆(室)活动的全过程(几个星期、几个月或几年)进行不间断的持续的系统的观察。

定期观察:在一定时期内,进行片断的不连续的观察。

从观察的内容上,可分为:

全面观察:对少年儿童在一定时期内的阅读表现,作全面的经常的观察。

重点观察:有重点的观察小读者在一定时期内参加某一项活动或在活动过程中,某一环节与几个环节上的阅读表现。

观察小读者应尽可能采用全面观察与重点观察相结合的方法。没有全面观察,仅根据一时一事遽下结论难免主观片面,而没有重点观察,也易流于空泛肤浅。

观察到的现象要随时记录,必要时,可利用照相、录音、录像等来帮助观察。少儿图书馆员要善于客观地记录观察到的情况,对有关的资料及时地进行整理和分析,予以正确的概括。对个别小读者的观察研究,还可以写观察日记。只有积累大量的资料,才能通过偶然发现必然,透过现象认识本质。

(二)谈话法

言语是人们心理活动最重要的外部表现之一。少儿图书馆员和小读者之间自由地交换意见,既是调查研究的过程,也是阅读指导的过程。馆员与小读者的谈话,尤其是与小读者交谈读过的作品,在对小读者进行综合调查研究的方式中,占有重要的地位。这种谈话方法能了解小读者对图书内容掌握的情况,了解各年龄阶段小读者对读物的理解程度,以及他们对图书特有的思想、感情和体验。

谈话的内容要根据图书的特点、少年儿童的年龄、个别小读者的情况、图书馆的教育目的与调查研究的具体任务拟定,并且应该是小读者能够回答和乐于回答的。在谈话过程中,馆员应机智灵活的随时提出足以了解小读者内心思想活动状态的问题,以引起他们的积极思考,并使他们充分地表达自己对读物的感受和意见,从而获得需要的调查材料。

谈话可采用个别谈话、小组谈话与集体谈话的方式。

个别谈话能细致地反映小读者的阅读心理等状况。

小组谈话能保持个别谈话的长处,并能跟踪了解每个小读者对读物的理解水平与阅读特点。小组谈话能引起小读者的兴趣。他们可以从各个角度来谈论作品的内容,评价作品,集思广益,互相启发,使谈话的气氛活跃。

集体谈话则可以使馆员了解一般小读者的认识水平和对图书的理解程度,从众多小读者中听取广泛的意见。

谈话的内容应作详细的记录,并力求保持谈话的原意及叙述问题的连贯性,以利对调查结果进行分析研究。

(三)问卷法

一般指按照统一的计划,让小读者填写调查表格的形式,来了解他们的阅读情况。其优点是方法比较简易,可以同时问讯众多的小读者,资料易于搜集整理,并进行各种比较。缺点是可能会在调查中丢失重要的情节,因为小读者的答问往往不能反映其阅读的心理活动。如若仅仅依靠书面的答问来了解判断小读者的情况,就会影响结论的准确性。特别是低年级小读者对书面回答问题感到困难。

在对小读者调查研究的工作中,还经常采取开调查会的方法。这种口头问讯的调查形式比调查表较为有效,而口头和书面问讯相结合则是问讯的较好的方法。馆员可向小读者说明问讯的目的,解释小读者提出的问题,再由小读者作出书面回答,这能获得较为可靠的调查材料。

调查的问题可分为事实性与说明性的问题。前者是有关小读者的认识和行为方面的事实问题,后者则是阐述小读者的意见、对各种问题和现象所持的态度和看法。

（四）作品分析法

它是通过对小读者的阅读笔记、阅读日记、读后感、结合图书内容的绘画以及工艺制品等的分析,了解小读者情况的方法。这种方法能了解小读者对读物的感受、思想活动、言语发展程度、阅读能力和技巧以及兴趣和理想的发展变化情况。

各种调查方法,都有一定的局限性,为使调查研究全面深入,最好采用综合的调查方法。

第五章　少儿图书馆藏书建设

第一节　藏书建设的内容

少年儿童图书馆藏书是指所收藏的各种文献的总和。除图书外,包括期刊、报纸、乐谱、地图、图表和其他印刷品、幻灯片、录音带、唱片、电影胶片、缩微胶卷等声像资料和未发表的文献等。它是根据少年儿童图书馆的方针、任务和读者对象,经过全面筹划、系统搜集、长期积累,逐步构成具有一定广度和深度的文献综合体。但少年儿童图书馆内所有的出版物并不都是馆藏,已收到尚未加工、已剔除尚存馆内或为交换、赠送而储备的书刊资料不作馆藏。

藏书建设是对少年儿童读物进行筛选、精选、组织,将随机状态的文献有序化的工作。它是少儿图书馆工作的重要一环,是开展读者服务工作的物质基础。而读者服务工作的质量在相当大的程度上取决于藏书质量,少儿图书馆的教育、提供信息职能的发挥,也有赖于较高质量的藏书。搞好藏书建设,提高藏书质量,对搞好少儿图书馆的业务工作和儿童教育具有重要意义。藏书建设的主要内容:

（一）根据少年儿童图书馆的性质、任务、读者对象、发展方向、地区特点,确定收藏范围、收藏重点、采购标准,制定当前和长远的藏书建设计划。

（二）通过各种途径选择、采集必要的文献。

（三）做好藏书的组织管理，加强馆际藏书协调工作。

（四）进行藏书剔除。

（五）搞好藏书的维护。

第二节 藏书的范围、结构

一、藏书的范围

（一）文字图书

1. 马列主义经典作家、无产阶级革命家有关社会主义建设的论述及少年儿童的论著。

2. 党和政府有关社会主义建设、少年儿童的政策、法令、决议、指示、报告等文件。

3. 有关少年儿童共产主义道德教育、思想品德修养等优秀读物。

4. 内容丰富、深入浅出的优秀社会科学通俗读物。

5. 能启迪少年儿童智慧，培养热爱科学精神的科学普及读物。能培养少年儿童动手能力的科技、工艺读物。

6. 优秀的中、外少年儿童文学作品。

7. 思想健康、故事生动、文字优美，可供少年儿童阅读的中、外文学作品。

8. 适合少年儿童阅读的体育读物。

9. 适合少年儿童阅览的艺术作品。

10. 幼儿、中、小学教材。

11. 少年儿童教育工作者、少年儿童图书馆工作者所需教育、教学参考资料、工具书，适当收藏。

12. 其他适合少年儿童阅览的读物,从及适合少年儿童使用的工具书。

（二）低幼读物和适合少年儿童阅览的连环画

连环画中有一些不适合少年儿童阅览的,除有保存任务者外,一般不必入藏。

（三）报纸、期刊

订阅以少年儿童为对象的综合性和专业性的报刊为主。本地区出版的少年儿童报纸、期刊,省、市少儿图书馆应全面、系统、完整入藏,并保持其连贯性。适合少年儿童阅读的成人报纸、期刊选择入藏。配合教育、教学的报纸、期刊选择入藏。

（四）视听、缩微资料

适合少年儿童利用的视听资料、缩微资料,应作为藏书补充的重要组成部分,可根据各馆条件,有选择的入藏,并逐步增加它在藏书中的比重。

（五）教学参考资料

配合教育、教学、普及科学文化知识的图片、挂图等有选择的入藏。

（六）其他资料

根据各馆条件,还可适当搜集有利于开发少年儿童智力的模型、标本、儿童玩具等。

收藏的范围应根据本馆的规模、任务和经费等具体情况确定,不必强求一律。如省、直辖市一级少年儿童图书馆作为本省市少儿读物收藏中心,收藏可比较齐备。小型馆主要是为少年儿童读者流通阅览服务,不必贪多求全。为少儿工作者服务,需要相当的经费,一般可以由大型馆和有条件的中型馆承担。又如省、市一级公共图书馆一般不入藏连环画,省、直辖市少儿图书馆对本省、市出版的连环画可收藏较全,而中、小型少儿图书馆对不适合少年儿童阅读的连环画则不必收藏。

二、藏书的结构

（一）合理的藏书结构

少儿图书馆的收藏多种多样。应根据本馆的对象和任务,把各种不同学科、不同水平、不同形式的知识载体,有选择的搜集、整理,组成一个有主有从、有重点有一般、互相配合的整体,形成具有一定特色的合理的藏书结构。为此,应制定长远规划,以确定各类藏书的比例和各种知识载体的大致比重,并处理好重点和一般、当前需要与长远需要的关系。同时,应制定一年、一季度或逐月的具体计划,以便实现长远规划的目标,形成合理的藏书结构。而合理的藏书结构是经过长期的精选、不断的筛选逐步形成的。

（二）形成自己的藏书特色

1.地方特色。如省、市少儿图书馆对本省、市出版的少儿读物和有关本省、市少年儿童的图书资料,尽可能的收藏完整、齐备,也注意搜集乡土教材,形成地方特色。

2.对某方面的书刊资料收藏比较齐全。如某馆科普读物收藏特别丰富;某馆少儿报刊收藏齐全;某馆视听资料收罗较多,等等,形成各自的收藏特色。

3.有些馆如能征集革命领袖、优秀科学家、著名英雄模范人物的少年儿童时的资料;少儿作家的手稿;少年儿童在国内外获奖的优秀剧作、作文、绘画、发明创造等等也可形成自己的藏书特色。这将更有利于吸引少年儿童来馆,对其进行教育。

第三节　藏书的补充

一、藏书的补充原则

(一)思想性原则

少儿图书馆的藏书补充,应坚持思想性原则,坚持德、智、体、美全面发展的方针,贯彻教育面向现代化、面向世界、面向未来的精神,把少年儿童培养成具有坚定正确的政治方向、有理想、有道德、有文化、有纪律、爱祖国,有较高的科学文化知识和开创精神,能迎接新技术革命的挑战,能适应新形势发展的需要,并有处理各种新情况、新问题能力的建设人才。

(二)目的性原则

少儿图书馆应根据本馆的性质、规模、服务对象、藏书基础,有针对性的采集书刊资料。应根据社会主义现代化建设需要与少年儿童读者的年龄、心理特征等,采集多种学科门类的具有教育意义、富有吸引力和开发儿童智力的优秀读物。有条件的馆可适当兼顾少年儿童工作者的需要,选购有关对少年儿童进行教育、教学的参考资料。

(三)坚持藏书的系统性、完整性和载体的多样性

对重点收藏的书刊、视听资料,应力求系统、完整。省、市少年儿童图书馆对本省、市少儿读物应尽量收集完整。多卷集、丛书、期刊、报纸和连续出版物等应力求配套成龙。根据少年儿童思维具体、易于接受形象化教育的特点,少儿图书馆除采集图文并茂的书刊资料外,应注意采集形象化的视听资料,使载体多样化。

(四)坚持节约原则

少儿图书馆的藏书补充,要坚持节约原则,要精选品种,合理

使用经费,努力提高藏书质量。补充的藏书,既要满足各年龄阶段儿童的一般需要,也要照顾特殊儿童的特殊需求。复本量要适当。对经过时间检验长期为少年儿童喜爱的优秀读物的复本量,应适当提高一些,但不能为满足读者的一时需要而把复本量定得过高,造成长期积压,也不能无视读者需要,将复本量压得太低,导致满足不了需求。

(五)加强馆际协作、协调

与省、市内外的少儿图书馆、学校图书馆、公共图书馆加强协作,开展馆际互借、互通有无、互补残缺,达到资源共享。

(六)藏书剔旧原则

对陈旧过时失去参考价值、复本过多长期积压、采集图书时选择不当不适合少年儿童阅览、严重破损的图书资料等,应及时剔除,以提高藏书质量,节约库位。

二、藏书的补充方式

(一)购入方式

1. 订购,即预定。这是少儿图书馆补充藏书的主要方式。可根据发行单位的预定目录圈选,但凭目录订书有一定的局限性,还需与其他方式相结合。

2. 现购。到书店及有关的出版部门直接选购,可以鉴别图书的内容,决定取舍,但要防止购重。

3. 邮购。通过邮寄购置本地无法买到的外地少年儿童出版物。

4. 合同订书。向发行部门提出所需文献范围、类别和要求,双方签订合同,发行部门按合同要求主动供应。

5. 复制。通过照相、复印、微缩复制等方式补充稀缺书刊。

(二)非购入方式

1. 呈缴本。少年儿童出版物除按国家规定缴送国家版本图书馆和北京图书馆外,最好能指定一、二所少年儿童图书馆接受呈缴本,担负完整保存少儿读物的任务。

2.接受赠送。接受社会上关心少儿健康成长人士赠送的图书与捐款,利用捐款添置书刊和非书资料。

3.征集和交换。有些革命史料、地方文献、内部刊物等属非卖品,需要征集,并应有目的地与有关单位建立交换关系,有条件的馆可与国外建立交换关系。

第四节　精选藏书

一、精选藏书,确保藏书质量

精选藏书是指通过各种途径精选各种文献资料。它有利于贯彻三个面向的方针,可节省库位、人力与财力,提高工作效率。

少年儿童图书馆精选藏书尤为重要。精选藏书能为少年儿童保证提供大量优秀读物,排除有害读物的危害,对儿童的健康成长有着深远的意义。

精选藏书要掌握文献来源,了解少儿读物出版机构情况与出版动态。《中国出版年鉴》、《中国百科年鉴》、《中国出版机构指南》等可供了解国内各出版社的情况。《全国新书目》、《全国总书目》则是可利用的书目工具,还可主动与出版社联系,索取出版计划、新书目录、预定目录等,以掌握出版信息,为精选藏书提供必要的条件。

提高图书采购人员的思想、文化素养是精选藏书的关键。采购人员应对读者需要进行调查研究,不仅要考虑读者心理、年龄特点,也要从阅读情况、图书资料流通情况与拒借率等方面考虑,还要通过阅读浏览、查阅有关的书评资料等,来了解读物的思想性、科学性。而与馆外专家、教师、少儿工作者结合成立选书委员会或选书小组，可为精选藏书提供保证。

二、处理好数量与质量、品种与复本的关系

藏书要坚持"质量第一"的方针，在保证质量的前提下，也要注意藏书的基本数量（书刊的种数和册数等）。只有把两者统一起来，才能满足读者的需要。

要正确处理品种与复本的关系。藏书品种较多，在一定程度上反映藏书质量，但如只顾增加品种，忽视一定的复本也会影响藏书质量。

复本比例是图书采购工作中值得注意的一个问题。影响复本率的因素有：

（一）读者数：指借阅某种文献的读者数，是影响复本率的主要因素。

（二）借阅期限：借阅期限短，周转快，复本量可相对减少一些；反之，借阅期限长，周转慢，复本量需适当增多一些。

（三）文献有效期：文献寿命长短，对复本也有一定影响。寿命很短的文献，不宜购买较多复本。

（四）自然磨损与丢失。

（五）工具书不外借，复本量不必过多。

前三者对复本率影响较大。

三、复选藏书与藏书剔除

为确保藏书质量，不仅采购图书时应当精选，入馆后还应进行复选。因为，不论采购图书时搞得多么仔细，仍会有图书质量不高、不合读者需要的出版物。复选藏书是精选藏书的有机组成部分。通过复选有利于知识更新，增添必要的复本，可以推动对价值高的优秀读物的宣传、推荐，有助于形成合理的藏书结构。

图书馆库存空间有限,对部分藏书剔除是必要的。藏书剔除的范围大致包括:

(一)流通率很低的图书,主要指那些长期来没有人借阅或借阅甚少、没有多大参考价值的图书。这方面的情况比较复杂,必须具体分析、区别对待。主要是看其内容有无参考价值,不能一刀切。

(二)复本过多,超过需要的部分。

(三)图书内容与本馆任务、服务对象不适应。

(四)某些藏书内容反动、荒诞、黄色下流。

(五)有些文献内容老化,陈旧过时。

(六)自然损毁,失去使用价值。

藏书剔除是极为细致、复杂的工作,应加强领导,建立一定的审批制度,并有相当水平的专人负责。剔除的书刊资料,应分别不同情况处理。可成立地区协调中心,各馆剔除的内容尚可流通的少儿读物,登记造册,由协调中心汇总印发各馆,交换或折价处理,也可调拨、赠送本地区基层少儿图书馆(室)或新建馆。内容有严重问题、陈旧过时或破损严重者,可报废处理。

四、藏书质量评价

藏书质量评价标准大致包括:重点藏书是否系统、完整;藏书结构是否合理,各类藏书比例是否适当;整个藏书满足读者需要的能力,选书的质量等。通过藏书质量评价,可提高采购人员水平,保证藏书质量。

藏书质量评定的具体做法:

(一)书目核对法:利用《全国总书目》、《全国新书目》、少儿读物推荐新书目、有关的专题书目等对馆藏进行检查。

(二)邀请同行、专家进行审查,或少儿图书馆之间开展互相检查。

（三）利用统计法求出：

1. 藏书利用率 $= \dfrac{某时期读者借阅总册数}{全馆藏书总册数} \times 100\%$

2. 流通分类统计、藏书分类统计比较等。

（四）运用文献计量学方法，找出核心期刊，检查本馆少儿核心期刊订购情况。

（五）抽样调查：抽查某一类或某一部分藏书。

第五节　藏书的管理

一、书刊的验收与登记

书刊到馆后，第一道工序是验收。对进馆图书和收据进行核对，看书名、种数、册数、单价和总金额是否完全相符；查看书的内容、装订、开本以及有否缺页、污损等。核对无误的图书，要在收据上做一记号，表示收到。倘发票上未列书籍名称，就要总计收到书籍的数目和价格，按照收据进行查对。还可把选书时的订购卡片（或订书单、其他订购记录）与到馆图书加以核对。核对无误，做个记号，表示此书已到馆。

到馆的书刊资料，必须登记。它有总括登记及个别登记两种。

（一）总括登记

采集的图书验收后，将发票上总册数、总价格及各类图书的总册数、金额逐项记入"少年儿童图书馆藏书总括登记簿"上。总括登记可以了解和掌握全馆藏书的总册数、总价值、来源和去向、实际藏书量以及各类图书入藏情况等，并可及时反映图书馆全部藏书的动态，包括各门类图书的"入藏"、"注销"情况，便于进行入藏统计，检查注销原因。它是提高藏书建设和图书保管质量的基础工作。总括登记簿格式见书末(189 页)附表一。

（二）个别登记

个别登记是按每册书的情况分别进行登记,它是馆藏图书财产清册。登记时将每本书的书名、著作者、版本、书价、来源以及登记号码等逐项记入"少年儿童图书馆图书财产登记簿",每本书一个号码,作为这本书特定的财产登记号。个别登记不仅可以了解每本书的入藏情况,注销原因,图书价格,并且可作图书清点、移交、核查、剔除的依据。

鉴于连环画在流通过程中翻阅频繁,容易破损,一般可考虑对留作库存的连环画进行个别登记,投入流通的不必进行个别登记。个别登记号应一贯连续下去,不可中断或重复。书名按原书照写,不得删节。个别登记簿格式见书末(190 页)附表二。

二、藏书的组织与排架

藏书组织要布局合理,排检科学,管理妥善,使用方便。主要应考虑四个方面的因素:

1. 藏书能充分利用。

2. 方便读者,使其能迅速找到所需书刊。

3. 便利馆员工作。

4. 有利于保管,避免损失。

（一）书库的种类

少儿图书馆一般设立基本书库与辅助书库。

1. 基本书库:它是少儿图书馆的主要书库,是藏书的基础。基本书库对辅助书库起调节作用。

为了保存藏书和满足读者急需,省、直辖市一级较大的少年儿童图书馆根据需要可考虑设置保存本书库,将每一种图书资料,抽出一本作为保存本,一般不外借,只供特殊需要者馆内查阅。中、小型少儿图书馆一般可不必设立。

2.辅助书库:少儿图书馆可根据少年儿童年龄特征等因素,分别设立辅助书库。辅助书库一般利用率较高,流通量大,要做好图书调拨工作,及时补充最新、最好的优秀读物,过时的、不适合少年儿童阅读的书刊送还基本书库。

有的少年儿童图书馆还可根据需要设置特藏书库,如珍贵的革命文献就宜特藏。

国外一些图书馆按照藏书利用率的高低,采用三线典藏制组织藏书。其最大优点是可以提高服务效率,便利读者并可了解图书的利用率。这种办法值得借鉴。

一线为开架阅览室,利用率最高,推荐性的优秀读物可陈列在开架阅览室。

二线为辅助书库,利用率次之。

三线为基本书库。

(二)藏书排架

藏书需要进行科学的管理,合理的排架,才便于查找,充分为读者所利用。合理的藏书排架,能使馆员迅速而准确地取书、归架,并使其能直接从书架上了解藏书,熟悉图书,主动向读者推荐;还能节省书库面积,充分利用书架,减少倒架,易于进行藏书的调查,便利藏书的典藏保管。

藏书的排架方式分为内容排架法与形式排架法两种。

1.内容排架法,以图书的内容作为排架的依据。它又可分为分类排架法与专题排架法。

(1)分类排架法:按藏书内容所属学科体系排架。其优点是能使图书资料按学科门类集中组成为一个有内在联系的、有逻辑性的体系,便于馆员和读者查找同类或相近门类的图书资料。分类排架法是图书馆最通行的一种排架法。其缺点是:第一,不能充分利用书库面积;第二,当大量增加新书或借出图书大量归还时,往往需要倒架;第三,由于分类排架,号码冗长,给排检带来不便。

（2）专题排架法：少儿图书馆对一些推荐的优秀读物及有关参考资料，可按专题集中起来，专架或专柜陈列。可更好地起到宣传、推荐图书的作用，也便于加强阅读指导。

2.形式排架法，是根据图书的形式特征组织排架的方法。

（1）登记号排架法：依照入藏图书的个别登记号码顺序排列，用藏书的登记号作为排架的顺序号，也作为索书号。

（2）固定排架法：按图书到馆的先后顺序将图书固定排架。

（3）字顺排架法：按每本书的书名或著者的字顺排列。

（4）书型排架法：按图书的不同书型、开本大小进行排架。

形式排架法的优点是排检迅速简便，节省空间，充分利用书库书架，不需倒架，但不能将同类书及增添复本集中在一起，不便于因类求书。

对不同类型的图书资料，可根据馆藏及流通情况，采用不同的排架方法。

甲、图书一般可采用分类排架法。

乙、期刊，可按：①刊名第一字顺序排架；②按入藏的先后次序排；每种期刊给以固定的刊号；③按分类排。

丙、连环画可采取：①按入藏顺序先后，利用财产登记号的顺序排列；②字顺排列法；③按出版地、出版者排列；④按版型大小排列。

丁、声像资料可采用分类、分种、字顺相结合的排列方法，也可采用固定排架法。

图书的排架方法不限于上述几种。各馆可根据具体情况选择适合本馆的排架方法。

三、图书资料的保护

图书馆藏书是国家的文化财富，是图书馆为读者服务的基础。为此，必须把藏书保管好，使之不受损毁。少年儿童图书馆藏有丰富的儿童读物。这类图书一般均封面新颖、形象,通俗易懂,其中不少是小薄册子,借阅率高,流通量大,容易破损。薄册书刊到馆后,应进行加固装订,如有破损,要及时修补,还要教育小读者爱护图书,看书先洗手,不要折卷书刊,不能勾画、玷污,更不能撕页、损坏。

书库要建立严格的管理制度,严禁吸烟,火种不得带入库内,并定期检查电路和供电设备,建立切实可行的消防制度。

书库要搞好清洁卫生,经常打扫和吸尘,无空调设备的馆,可根据库内外的温度变化,利用自然通风适当调节库内温、湿度,但要防止强光直接射入书库,以免纸张变黄、发脆。

少年儿童图书馆要创造条件,建立书刊消毒制度,以免病菌通过图书进行传染,损害儿童健康。对藏书破坏严重的蠹鱼、霉菌、白蚂蚁、老鼠等应采取措施,积极防治。

视听资料应根据其特点,加强保护。如磁性载体须进行电磁防护,避免洗掉记录的资料;磁带要保存在远离电缆和电机的金属柜里,使与外在的电磁场隔绝。

此外,还应定期或不定期地对藏书进行清点。常用方法有:排架目录清点法、图书登记簿清点法、检查卡清点法等。

第六章　少儿图书馆图书分类

第一节　图书分类的意义、作用

一、图书分类的意义

分类,顾名思义就是分门别类。从哲学上来看,分类的客体是物,是物的自身特征;分类的主体是人,是人的认识能力。分类就是物的自身特征与人的认识能力的辩证统一。从形式逻辑来看,分类是概念划分的方式,是将一个概念不断划分为若干级、若干个小概念的逻辑过程。通过分类,揭示事物各种概念之间的相互关系,把相同属性的事物归在一起,把不同属性的事物区别开来,指导人们去认识事物、区别事物,建立起一个方便使用的存取系统。

将分类的原理和方法运用到图书管理领域中来,就形成了图书分类。

所谓图书分类,就是基本上依据图书所论及的事物的特有学科属性分门别类揭示藏书,并将其组成系统的图书管理方法。它有两层涵义:

首先,是图书分类标准的选择问题。分类就是根据事物的属性对其加以区分。图书的属性有本质与非本质之分。其本质属性指图书所论述的学科知识内容;非本质属性主要指图书的写作体裁、编辑和出版形式、读者对象等。现代图书分类法一般是以图书所论述的学科知识内容的属性为分类的主要标准,而将图书的非本质属性作为辅助标准。

其次,是图书分类系统的构成,即图书分类不仅要求将一本具体图书按其内容归入选定的图书分类表体系中去,确定各书在该分类体系中所属的位置,而且要求类类相联,对系统的藏书进行系统的分类。

图书分类是办好少儿图书馆的一个重要环节。图书分类水平的高低,直接关系到图书馆能否很好地为读者服务,影响到图书馆的潜力发挥。

二、少儿图书馆图书分类的作用

(一)由于图书分类后产生的是一个根据各类图书之间的关系所组成的完整的藏书系统,它对图书的科学管理来说是不可或缺的。少儿图书馆种类繁多的藏书,每天都在增加、补充、剔除、流通,如果不加以有规律的组织,将不能保持图书馆正常的工作秩序。

(二)由于分类的方法充分揭示了各种图书的学科知识内容,同时把学科知识内容相同的图书集中在一起,把相近的联系起来,把不同的区别开来,便能最大限度地满足读者因类求书的需要。它便于图书馆更好地为读者提供针对性的服务。

(三)图书分类对儿童具有认识论的指导意义。图书馆的分类目录是按科学知识的逻辑层次来反映所收藏的各种知识门类的图书的。在儿童利用分类目录的同时,就能进一步培养其逻辑思维能力,发展其智力。如在"少年先锋队"这一类目下,不但能看到有关少先队的基本知识、少先队的会议、活动的小类目,还能进一步了解中国少先队是属于政治生活范畴的,是归于社会科学大部类的。这样,少年儿童读者就逐步明确了各类之间的从属关系和逻辑的层次概念。此外,与"中国少年先锋队"这个类并列的还有其他国家的青少年组织和活动的类目。这又可帮助儿童了解事物相互之间的并列关系。凡此种种,可以扩大少年儿童的知识面,激发他们的阅读兴趣与愿望。

三、图书分类后的具体工作

（一）编制检索工具——分类目录

少儿图书馆不论规模大小,都要通过一定的目录来实现其为读者服务的目的。编制分类目录是图书分类后的首要工作。在由各种目录组成的图书馆目录体系中,分类目录是根据图书的内容、遵循学科系统组织的,具有特别重要的作用。因为读者大多根据知识门类来查找自己需要的图书,一旦查到自己需要的某一类,即可掌握图书馆收藏的有关该类的全部图书。这对读者的系统学习、提高认识能力大有裨益。图书分类目录与主题目录相比,虽然两者同是从学科内容方面反映图书的特征,但分类目录显然具有系统检索功能强的长处。从少儿图书馆执行社会教育的功能来说,分类目录是必须首先具备的主要目录。

（二）组织藏书——分类排架

在图书馆中,有种种不同的图书排架方法,分类排架是一种通用的方法。因其按图书的知识门类排列,既便于馆员按类熟悉图书,又便于其直接从书架上取出图书,推荐给读者。在图书馆实行开架、半开架借书的情况下,图书分类排架便于读者利用图书。

（三）进行业务统计

图书馆管理的现代化是办好图书馆的先决条件,而在管理工作现代化方面,做好业务统计是一项基础工作。图书分类对图书馆业务统计工作关系极大。因为按类统计能反映各类图书的入藏情况和流通情况,可以从统计资料的分析中,找出问题,明确改进采购与读者工作的途径,推动图书馆的各项工作。

（四）因类求书,指导阅读

图书馆的藏书只有为读者利用才能充分发挥作用。在流通阅览、参考咨询等读者工作中,读者因类求书的需求十分普遍。为此,馆员必须利用以分类方式编制的参考工具,包括专题书目索引、分类目录、推荐书目等来解决读者提出的各种疑难问题,指导阅读,提高为读者服务的质量。

第二节　图书分类表

一、全国使用统一的图书分类表势在必行

图书分类表(法)是图书分类的依据,是编制分类目录的规范。图书分类的质量,在很大程度上取决于所使用的分类表的质量。为此,选择一部好的分类表,对于搞好图书分类工作具有重要的意义。

当前,我国少儿图书馆图书分类表的使用尚未统一。有些馆用《中、小型图书馆图书分类法》;有的馆采用自己编制的图书分类表;还有的馆借助于其他各种分类表加以适当调整,用以类分图书。1980 年全国文献工作标准化会议将《中国图书馆图书分类法》作为全国图书分类的标准化分类法后,已有不少少儿图书馆采用《中图法》或《中图法》(简本)类分少儿图书。

从长远的发展来看,全国应考虑使用统一的图书分类法。因为,如各图书馆分类法不统一,在开展馆际协作、编制联合目录、进行统一编目等工作方面都会发生困难,造成重复劳动,浪费人力、物力与财力。从少儿图书馆采用现代化设备、各种先进技术方面考虑,图书馆各项工作也必须实行标准化。没有标准化,就没有现代化。在全国范围内考虑使用统一的分类表势在必行。

二、简要介绍《中图法》的各个组成部分

《中图法》由类目表、标记符号、说明与注释、索引四部分构成。

类目表由众多类目组成。这些类目从大到小逐级划分,按照逻辑系统排列。

类目表的表现形式有:基本大类、简表、详表、复分表。

（一）基本大类表

基本大类表又称大纲。它是图书分类法的纲目。《中图法》的大纲是在"马克思主义、列宁主义、毛泽东思想"、"哲学"、"社会科学"、"自然科学"、"综合性图书"五大基本部类的基础上扩展起来的,共划分为二十二个大类,其序列为:

基本部类	基本大类
马克思主义、列宁 主义、毛泽东思想	A、马克思主义、 　　列宁主义、毛泽东思想
哲学	B、哲学
社会科学	C、社会科学总论
	D、政治、法律
	E、军事
	F、经济
	G、文化、科学、 　　教育、体育
	H、语言、文字
	I、文学
	J、艺术
	K、历史、地理
自然科学	N、自然科学总论
	O、数理科学和化学

P、天文学、地球科学

R、生物科学

R、医药、卫生

S、农业科学

T、工业技术

U、交通运输

V、航空、航天

X、环境科学

综合性图书 　　　　　　　　Z、综合性图书

（二）简表

简表在大纲和详表之间起过渡的作用。它由基本大类进一步区分的类目组成，一般情况下，在类分图书时，可以用它来引导到详表中去寻找适当类目。小型图书馆可用简表类分图书，用了简表的部分，就不再用详表。在各类藏书数量不够平衡的图书馆，对于某些数量较少的类目，可以使用简表，而某些藏书数量多的类目，则可用详表。

（三）详表

详表是类分图书的真正依据。一部分类法的所有编制原则都体现在详表中。类目是详表的主体。类目之间的关系是错综复杂的，他们一般地表现为从属关系、并列关系、同一关系和相关关系。只有正确掌握详表的标记符号使用方法和理解注释的涵意，才能使这种种关系得以正确体现。

（四）复分表

在编制分类表时，几个不同的类在采用同一分类标准进行复分的情况下，往往可以造成名称相同的子目。为了节省分类表篇幅和便于查阅起见，在编表时把这些子目集中起来，另外编成一表，作为使用这个标准来区分各个类的共同子目，这就是"复分表"，也叫"辅助表"。分类法各类都适用的复分表称为通用复分

表,只限某些类使用的复分表称为专用复分表。与专用复分表作用相类似的还有仿分方法。

标记符号是类目表中类目的代号,其作用在于确定类目的先后次序,也是分类时用来标引图书的号码。所以,标记符号又叫分类号码。《中图法》采用汉语拼音字母和阿拉伯数字相结合的混合号码作为分类标记,用一个字母标志大类,大类下的类目,则用数字标志("工业技术"大类下的十六个二级类目用双字母标志)。数字部分,基本采用层累制的编号制度,即每划分一级类目,就增加一位数字作标志,因此,类目的级别与分类号的位数基本相符。但是为使号码适应类目的需要,在某些类编号时采用了一些变通的技术方法而使这些号码脱离严格的层累制。这些技术方法包括八分法、双位制、借号法等。所以,要确定类目之间的并列和隶属关系,不能单纯由号码位数去判断,主要的还是要从类目在分类表中的排列位置及其所用的字体大小来判断。

《中图法》除大写的汉语拼音字母和数字外,还使用了"——""/"、"〔 〕"、"( )"、"＝"、"a"等辅助符号。这些符号的意义和用法,可参看该分类法的编制说明。

为使类号清楚醒目,易于辨认,《中图法》规定,当标记符号的数字超过三位时,在第四位数字前隔以小圆点"·"。

说明和注释是图书分类法不可分割的部分。图书分类法的说明分为序论性说明、大类说明和使用说明。它阐述了一部分类法的编制原则,揭示了该分类法的体系结构及各类特点、分类规则等事项。注释分条注在各有关类目的下面,对于易混淆或分类人员不易掌握的情况加以注释,以指导分类员正确理解类目的含义掌握分类的方法,保证图书分类的正确和一致。

图书分类法的索引[①]是为使用分类法而编制的一种工具,它

---

① 《中图法》(第二版)的索引已经出版。

按主题字顺的方式编排，为分类表的使用者提供了另一种检索类目的途径。

《中图法》是一部适用于大型图书馆、情报单位的图书分类法。它在类目设置、结构和安排等方面难以兼顾少年儿童图书馆所具有的特殊性。因此，需要对这些问题加以探讨，以期为统一的、比较适用的少年儿童图书馆图书分类法的产生创造条件。

三、少年儿童图书馆图书分类表的编制

从目前情况看，在一部比较稳定、相对完善的供一般图书馆使用的分类表的基础上加以改进，产生一部与之体系保持一致的少年儿童图书馆图书分类表，是一种切实可行的方案。

西方一些国家就是用杜威十进分类法的基本大类来类分儿童图书的。苏联采用十进分类法的体系。在供成人用的图书分类法的基础上改编成《少年儿童图书馆图书分类法》[①]。这说明在成人用的图书分类法的基础上采用一定技术手段使之改编为儿童图书分类表，不仅在理论上是可行的，在实践上也已有了成功的先例。此外，对培养儿童从小就熟悉图书分类法，成人之后能顺利地转入利用成人图书馆图书分类法的能力来考虑，使少儿图书馆的图书分类法与成人图书馆图书分类法在体系结构上尽量求得一致，保持两者之间的联系与衔接，也是很有裨益的。但少儿图书馆图书分类表与成人图书馆图书分类法之间毕竟是有差别的。少儿图书馆图书分类表则要求：

（一）类目简明概括

少年儿童的理解力与接受能力与成人有很大差距，他们不能理解那些非常专门和深奥的科学著作，对成人图书馆收藏的图书往往不感兴趣，但却特别喜欢儿童文艺、他们能看懂的文艺书籍与

---

① 苏联的这部《少年儿童图书馆图书分类法》已于 1960 年出版，我国尚无译本。

通俗的社会政治读物和科技读物。基于此,少儿图书馆图书分类表在类目设置上应当简明概括,没有必要对高深的学科设置详细的类目。

(二)照顾少年儿童图书馆藏书的特点

少儿图书馆收藏的图书中,文学书籍占的比重较大,成人图书馆图书分类法文学类目的设置往往不能满足少儿图书馆的需要,必须在这些类目上作较大的补充和修改。科学地、合理地组织文学类目是少儿图书馆图书分类法需要深入研究的课题。

苏联《少年儿童图书馆图书分类法》的有些做法可供我们参考。如考虑到少年儿童在自然科学、工农业技术、文艺生活等方面的实践制作和创作活动有专门反映的必要,就利用辅助类号(072)把每一类下的这些图书都反映出来。(072)的含义是"自制仪器、机器模型",加在"63 农业"后面,就成了"63(072)少年米丘林学家、作物栽培学家和畜牧家"。此外,在辅助类号中还增加了"(04)用文艺样式表现科学题材的书"、"(075T)改写过的外语读物"等。

该表中还采用了扩充类目的方法。如根据学校教学大纲安排的教学内容,在"596 脊椎动物"下增加了:

596.1　　　鱼纲

596.2　　　两栖纲

596.3　　　爬行纲

596.4　　　鸟纲

596.5　　　哺乳动物

(三)类目术语通俗简洁,类号力求简单明了

类目术语通俗易懂,简洁单纯,才能为儿童所接受。仍以苏联《少年儿童图书馆图书分类法》为例,成人图书馆分类表中的"I 哲学、心理学、逻辑学",在少儿图书馆分类表中则被易名为"I 共产主义道德",而"355 马列主义关于战争和军队的学说、苏维埃军事

科学原理"则被改为"355 军事事业"。经过这样的改动,更易为儿童所接受。

第三节　图书分类工作与方法

一、图书分类工作的步骤

图书馆的图书分类工作是运用一种图书分类法来揭示和组织图书馆馆藏图书的工作。分类工作的步骤为:

（一）查重

对每一种新到馆的图书,要弄清进馆的是复本书、不同版本书,还是新书。如系复本书,将该种书的索书号抄上,予以加工即可。如是不同版本书,除应抄上原书分类号外,在书次号上加版本号。若是新书,则要分析书的内容,进行归类。查重的目的是避免一书两入,以便将同种书及其不同版本、不同卷次的图书集中在一起。

（二）分析图书内容

通过分析,弄清该书所研究的对象、作者写作此书的目的、旨意等。图书的内容是错综复杂的,可以参看书名及与书名有关的题上项、题下项,但绝不能单凭书名的意义决定一书的类属,还要详阅图书内容简介,检阅目次,阅读序言、说明、凡例和跋,必要时还可涉猎全文以及了解编著者情况与出版社的学科性质。通过这些步骤,才能了解图书、准确归类。

（三）归类

在全面了解一书,得出正确的类的概念以后,将该书归入图书分类法的适当类目中去。

（四）给分类号

当一书被确定了恰当的类目之后,应立即把代表该类目的号码写在书的一定位置上。

（五）核对公务目录给索书号

类目和分类号码确定之后,还要解决同类书籍的排列问题。在同一类号下,往往有好多种书,如果不作进一步区分,它们的前后次序仍不能固定。为此,在有了分类号之后,还得编制书次号,也叫书码。编制书次号有多种方法,可按著者姓名字顺编;按图书分编次序编;按图书出版年顺序编等。这几种不同的方法产生了不同的书次号,分别为著者号,种次号及年代号。目前采用较普遍的是著者号。它的最大优点是利于逐渐过渡到使用全国统一的著者号码表,使得书次号这一分类号的延续部分也实现标准化。在少年儿童图书馆可以提倡使用按汉语拼音顺序排列的著者号码表。除了分类号和书次号外,有时索书号中还包括有辅助区分号,以区分图书版次、卷次、类型等事项。通过以上各项工作,图书分类就能达到归类正确,反映充分,前后一致,位置固定的要求。

二、图书分类工作必须遵循的原则

（一）分类时应以图书内容作主要标准,而以图书的其他特征,如体裁、地域、时代、语文等为辅助标准。

（二）图书必须归入最大用途和最切合其内容的类。在考虑图书所反映的学科内容的同时,还要结合考虑本图书馆的性质和任务,务使图书归入完成本馆任务最有利、本馆读者最需要的类。例如《中图法》规定中小学教材归入"G"教育类。这种处理方法在成人图书馆是适用的,但在少儿图书馆却形成教育类下收书过多,而在教材所涉及的学科内容的有关类目下,如数学、物理、化学几乎没有图书可入的状况。因此,有些少儿图书馆采用将中小学教材分散到有关学科类目下的方法,效果较好。但采用这种方法一定要慎重,一旦采用,必须贯彻始终。

（三）体现分类法的系统性、等级性与次第性。凡能归入某一类的书，必然带有其上位类的属性。即凡能分入下位类的书，一定能分入其上位类。如不能将中国小说作品分入"I 207.4 小说"类中，只能入到"I 24 小说"。因为入"I 207.4"不符合其上位类"I 207 各体文学评论和研究"的涵意。所以，应十分注意不能仅按类名去归类。

（四）不能单凭书名的意义分类。一般说书名能反映书的内容属性，但也不尽然，特别是科普读物和文艺作品。

（五）除遵循以上基本原则外，成人图书馆图书分类的一般规则、各类图书分类的特殊规则也同样适用于少儿图书馆图书分类工作。[①]

三、图书分类工作需注意的问题

（一）关于分类法的调整

目前，我国还没有统一的少儿图书馆图书分类表，相对来说，《中图法》比较能适用于一般少儿图书馆类分图书的需要。但即使选择了《中图法》，仍有一个对分类法的调整问题。少儿图书馆的总藏书量一般都不多，但就门类而言，有些门类的图书，如儿童文学、教育等类却过于集中，甚至超过一般成人大型图书馆的收藏量。而有些门类藏书又很少，如工业技术类、农业类，同时，有些大类或细类却根本没有收书。因此，对图书分类法的调整问题，就十分重要了。

分类法的调整有以下内容：

[①] 有关图书分类的一般规则和特殊规则，可参看：

1.《中国图书馆图书分类法使用说明》，《中图法》编委会编，书目文献出版社，1981 年。

2.《图书分类》，北京大学图书馆学系编著，书目文献出版社，1983 年。

3. 卢子博、倪波：《图书分类基础知识问答》，书目文献出版社，1981 年。

1.类目详略程度的确定

这是指根据本馆的藏书情况,决定哪些类目应详分,哪些类目应略分,并规定详分、略分的级别。

详分的方法有:

(1)将类目注释列为细目

分类法不少类目下,以注释的方式列举了所含部分或全部具体事物。调整时可将注释内容列为细目,配以类号,供进一步细分。

例如,《中图法》中,G623.7 音乐、美术(初等教育教学法、教学参考书)图画、手工、书法入此。

调整后为:

G623.7　音乐、美术

G623.71　音乐

.72　图画

.73　手工

.74　书法

(2)仿有关类目对应列出细目

例如:I 18 儿童文学集(世界)没有细分,若需细分,可仿 I18 儿童文学(中国)的下位类列出细目。即:

I 18　　儿童文学

182　诗歌 童谣

183　戏剧、歌舞剧

184　小说

185　故事

186　散文

187　童话、寓言

188　图画故事

(3)对某些图书特别集中的类,在不违反分类法总的体系结构的前提下,可参考其他分类法予以补充细目。但各家分类法对某些类的详略程度列举不尽相同,需要时可相互参考。

例如,《中图法》的"N49 普及读物"类,在少儿图书馆是一个收书比较集中的类目,可以仿照苏联《少年儿童图书馆图书分类法》对《书目索引》这一类目的处理方法,将"N49"进一步划分出一些小类目。即

N49　　　普及读物
N491　　数理化
N492　　天文学、地球科学
N 493　　生物学
N494　　医药卫生
N495　　农业科学
　⋮　　　　　⋮
　⋮　　　　　⋮

从理论上说,类目详分是可以无限地一直进行下去的。但详分的结果是增长了类号,这就与"类号简单明了"的要求有矛盾,因此,详分方法的采用,必须慎重。

类目略分的方法比较简单,就是对一些图书特别少的类目规定使用到正表中的某一级类目就不再往下细分,或规定只使用到基本类表的级别(二级类)。

2. 复分与仿分的运用

《中图法》共有六个通用复分表,还有各类的专用复分表和仿分类目。分类法已对这些复分表和仿分类目的使用作了一些说明和规定,但在每一个具体图书馆则不一定照此说明办。可以不用复分表,不仿照复分。即使采用复分表和仿分,也可有选择地使用部分复分表和仿分类目。

3. 交替类目的确定

例如,《中图法》分类法中有"G〔447〕　　儿童心理学,宜入

B844.1"。这样处理,有关儿童心理学的著作就集中在"B 哲学"类下,对"G4 教育"来说则分散了。若愿将此类著作集中于教育类,可将"G〔447〕"的交替符号去掉,而将"B844.1"加上交替符号,成为"B〔844.1〕"同时在"B〔844.1〕"下注明"宜入 G447"。

必须注意,前述有关类目详略程度的确定,复分与仿分的运用与否、交替类目的使用诸问题,必须经过全面周密的考虑,既要从当前的实际情况出发,又要预见到将来的发展,然后决定取舍,切勿草率从事。确定后则不要轻易变动,并在本馆使用的分类法上作上标记,作为本馆的使用本。这就不致因人员的变动等原因造成工作中的差错。

(二)关于各类形式出版物的分类

少儿图书馆藏书成分,按出版物形式划分,大致可分为图画故事、连环画、文字图书、期刊报纸、工具书与视听资料等几类。

连环画以它的图文并茂、内容通俗易懂等特点深受广大少年儿童的喜爱。它在少儿图书馆藏书中占有相当的比例。对数量庞大、内容纷繁的连环画需要进行分类管理。我国目前还没有专门的少年儿童图书馆图书分类法,对连环画的分类,同样存在着不统一的现象。若按《中图法》来分,所有连环画只能分入"J228.4"一个类目,这就不能解决连环画分类个别化的问题。目前有些少儿图书馆采用自编的连环画分类表,将其按内容分入各类,并专为其组织分类目录,分类排架。如上海少年儿童图书馆低幼读物、连环画分类表为:

1.领袖故事

2.政治故事

3.国际友谊

4.工业建设故事

5.农业建设故事

6.先进人物故事

7.历史故事

8.革命斗争故事

9.人物故事

10.纪律教育

11.集体主义教育

12.爱护公共财物

13.爱劳动

14.爱学习

15.医药卫生

16.科学故事

17.童话、民间故事

18.一般故事

19.<u>丛书</u>

又如,天津少年儿童图书馆的《连环画分类法》,将连环画按内容分为一般故事;传记故事;神话、传说、民间故事;寓言、童话故事;科普故事;启蒙读物、教学参考读物等六大类,并按各类出版物数量的大小决定各大类下类目划分的级别。有的出版量小的类只列出大类,有的较集中的类,则列出小类,最多的列出四级类目,各大类下共列出 69 个小类。

标记符号采用拼音字母、数字混合制,在"L"后面配数字。这种配号方法是利用《中图法》K 类后面的空号"L",将连环画单独设为一类,并统一在《中图法》的分类体系中。①

如何管理连环画,不同规模的少儿图书馆可以有不同的做法。作为本地区连环画收藏中心的省、市一级少年儿童图书馆,应对连环画进行分类管理,编出分类目录,供读者包括儿童工作者查阅。

---

① 参看《天津少年儿童图书馆连环画分类法》,载《中小学图书馆经验资料汇编》,《儿童图书馆》编辑部,1983 年。

在以流通为主的县、区级少儿图书馆及儿童阅览室,就没有必要进行详细的分类,可以只分为几大类,或登录后即投入流通,直到破损后予以注销。

视听资料是少儿图书馆近年来新增加的收藏成分。可为其单独组织分类目录,也可与印刷型图书资料排入同一个目录体系中,但应在索书号中加上相应的载体的代号,单独排架,便于管理和利用。

(三)对《中图法》某些类目的处理

有了《中图法》及其相应的分类法索引、使用说明等,还不能保证实现图书分类工作的标准化。由于该分类法中某些类目的立类还不够严密、准确和科学,以及分类人员对类目的理解与类目立类原则之间存在的差异,还会造成分类结果的不统一。对少儿图书馆来说这类问题比较集中反映在教育、文学等大类的有关类目下。

例如,在处理"G6"教育类的有关各科教育与各学科之间的关系时,虽然《中图法》作了一些注释说明,但对"教学参考书"这类类名的含义、内容和范围,它和其他各专业类目之间的关系和区别,未作说明,就使人在实际分类过程中很难掌握,往往出现将属于同一知识水平的图书作不同处理的情况。如同属于"中学生课外读物"的《中国近代历史知识》和《唐宋词百首浅析》,其著作意图、著作方式、实际作用等都应是相同的,分类号也应是一个体例。但由于分类人员理解的不同,就会把这两种书分别分入"G633.53"和"H194.1"。这反映了由于教学大类下属的各科教育与有关专科类目之间的关系含糊不清,因而造成类分图书困难。

又如,对于"故事"的处理,在《中图法》"I2"中国文学类下,有"I247.8(建国后作品)故事","I277.3 民间故事",在儿童文学类下又有"I287.5 故事"。这三种故事如何区分? 一般说,只要一书指明是"民间故事"就据以归入"民间故事"类中,而对于"故事"

和"儿童故事"的区别,《中图法》及《使用说明》均未说明,在实际工作中又会造成不统一的现象。应在《使用说明》中作必要的说明。

上述各例说明,要保证分类的正确,除了要有一部标准分类法、分类法类目要科学合理之外,图书分类人员的科学知识水平、对所使用的分类法的分类原则和体系结构的熟悉程度也是十分重要的。

第七章　少儿图书馆目录

第一节　少儿图书馆目录的作用

图书馆目录对于有效的利用藏书具有重要意义，它是图书馆的基本建设之一，不论对读者还是馆员都是不可缺少的工具。少儿图书馆应重视目录工作，不断提高目录编制质量和完善目录组织。

少儿图书馆的目录的作用体现在以下几方面：

一、揭示藏书，指导阅读，宣传、推荐优秀图书

图书馆目录能全面而正确地揭示藏书，充分发挥图书的作用，并引导小读者挑选和利用馆藏图书。馆员可利用图书馆目录针对不同儿童的需要进行阅读指导，向其宣传、推荐好书。

但图书馆目录与专题推荐书目有区别。首先，它只代表图书馆入藏的图书。其次，它是供所有到馆的读者使用的，不像推荐书目那样有特定的读者对象。再次，它反映的问题比较广，包括适合少年儿童阅读的各门学科的图书，不像专题推荐书目那样局限于某一个专门问题的优秀图书。

二、是图书馆业务工作必备的工具

图书馆目录对于小读者选择图书有很大作用，也是图书馆各

项业务工作不可缺少的工具。图书馆的其他工作,如编制各种书目、解答读者咨询、筹备展览会、读书报告会等都可借助图书馆目录挑选图书、查找资料。在补充藏书时,如能在检查图书馆目录的基础上拟定采购计划,则可补充缺漏、避免重复。它还可反映藏书组织的情况,便于清点、保管。

三、培养少年儿童独立利用图书馆的能力

图书馆目录对培养少年儿童学会自己选择所需要的书籍,提高他们独立利用图书馆的能力,具有重要作用。

第二节 少儿图书馆目录的种类

少儿图书馆目录按不同的方式划分,可形成不同种类的图书馆目录。

一、按使用对象划分

按使用对象划分,可分为读者目录和公务目录。公务目录又叫事务目录或工作目录。它反映的是图书馆全部藏书,供馆员工作中使用。读者目录是图书馆中的主导目录。它所反映的藏书范围,应是图书馆认为值得向本馆或本部门所服务的一般读者公开借阅的一切图书。

少儿图书馆的读者目录具有明显的教育作用。读者目录所揭示的馆藏,全部为推荐性的图书,主要反映质量优良的、具有一定思想性、科学性、艺术性的图书,无必要向儿童介绍陈旧过时或内容过于专深的图书。

读者目录在内容、形式和结构上的多样化,构成了少儿图书馆读者目录的特点,它因儿童的年龄和接受能力的不同而有区别。

二、按藏书的范围划分

按藏书的范围可分为反映各馆藏书的联合目录；反映一个馆全部藏书或大部藏书的馆藏总目录；反映一个部门藏书的部门目录和反映特藏图书的特藏目录，如阅览室目录、借书处目录、视听资料目录等。

三、按图书的出版时间划分

可分为：旧书目录、过期期刊目录；新书目录、现期期刊目录等等。

四、按图书的编辑出版形式划分

（一）按文字可分为中文图书目录、西文图书目录、俄文图书目录、日文图书目录等等。

（二）按出版物类型可分为书籍目录、报刊目录、地图目录、乐谱目录等等。

五、按图书的各种特征划分

它能从图书的某一特征入手揭示图书，也能解决图书系统组织的问题，因而能满足读者和馆员查找具体图书线索的要求。图书的特征有内在和外在特征之分。从内在特征来查找图书有分类和主题两种途径，从而产生了分类目录和主题目录。从外在特征——书名和著者来查找图书，则产生了书名目录和著者目录。这四种按照图书特征划分而产生的目录，从排检方法来看，有两种类型，前一种即分类目录是分类式，它是按照分类号码（字母或数字）的固有次序加以组织的。而后三种是字顺式，按照汉字字顺（音序或形序）组织目录。这四种目录各有不同功能，不应偏废。

六、按目录据以表达的物质形式划分

图书馆目录按物质形式又可分为卡片式目录、书本式目录、活页式目录、折页式目录、挂图式目录等。

（一）卡片式目录

卡片式目录是图书馆的主要目录形式。其优点是可随时增删图书款目而不影响原来的目录组织，保持目录的系统性。但它只能供到馆的读者利用，而且目录柜所需占用的空间较大，费用也较高。

（二）书本式目录

书本式目录与卡片式目录只有形态上的区别。书本式目录要求著录内各项记载的位置整齐而紧凑，各项记载清晰，一目了然。而且标目要突出，书名要明显，其他各项著录要分清。其优点是轻便，无论馆内、馆外读者均可利用，所需空间很小，但却不能随意更改款目位置，并在原有款目中增删款目。它对藏书已经固定的某些部门的图书来说，可采用。

以上两种目录在各种不同类型、不同规模的图书馆均被普遍采用。

（三）活页式目录、挂图式目录、折页式目录

活页式目录实质是分散的书本式目录；挂图式目录是将图书的有关情况书写在纸上悬挂起来；折页式目录是将记载款目的纸张加工成如右图所示的可以折叠的形式。

这几种形式的目录适用于藏书较少的图书馆。少儿图书馆为了突出宣传、及时介绍一小部分图书，可利用这几种形式。多样化的目录形式，可提高儿童读书的兴趣。

以上几种目录，具体分析起来，

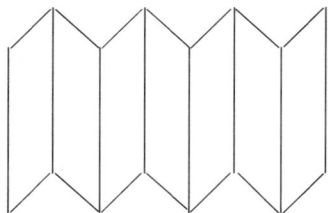

只有分类、主题、书名、著者这四种目录。其他不同名称目录的编制，必定要落实到这四种目录中的一种上。

第三节　图书著录

图书著录是根据一定的著录规则，对于一定图书的内容和特征所作的记录和评价。

每条记录叫一条款目。款目是编制图书馆目录和书目参考资料的基础。图书馆目录就是由许多款目组织起来的，没有款目便不能组织目录。因此，图书馆目录的编制包括图书著录和目录组织两个步骤。

款目能使读者和馆员识别和了解图书。它能向广大读者揭示图书馆藏书，宣传优良图书。不断提高款目质量，是图书馆编目工作的重要环节。

款目的种类很多，但著录的原则和方式方法应统一一致。这是保证目录质量的重要因素之一。要做到目录的统一，就应遵循一定的著录规则，达到款目准确、简明、清楚，有一致的标准。不仅在一个图书馆内著录要统一，就是在一个国家范围内也应有统一的图书著录规则，以便于在全国开展集中编目，再进一步过渡到使用机器编目。

图书著录的标准化问题，是当前图书馆学界的一个重要研究课题。1979 年书目文献出版社出版的《中文普通图书统一著录条例》为实现全国图书著录标准化打下一定的基础，并已为全国大多数图书馆采用。为了向国际标准书目著录靠拢，经过全国图书馆工作者的努力，已经产生并经国家标准总局批准的《文献著录总则》(标准代号为 GB3792.1—83)已成为制定普通图书、连续出版物等目录著录标准的依据。各图书馆应积极宣传国家标准，并创造条件采用。

一、普通图书著录①

传统的图书著录格式,以《中文普通图书统一著录条例》为例,采用的是段落空格式,其主要特点是以空格的形式划分和组织著录项目,即不同的大项之间空两格,同一大项中各小项之间空一格。若用卡片式款目,则是:

索　书　号	书	名项
目录分类号	名版定	著者项(著者姓名及著作方式　　　副著者姓及著作方式)　　　出版项(出版地　　　出者　　出版期　　版次　　版刻) 稽核项(页数　　图表　　开本　　装帧价) 附注项 提要项

以《来自远方的信息》一书为例:

索　书　号	来	自远方的信息(通讯史话)
目录分类号	建	汪天云　　　　王润生著　　　福州　福 人民出版社　　1984 年 10 月 87 页　　　　32 开　　　0.28 元 (少年科学史话丛书) 本书以……

这种传统的著录格式,对于熟悉著录文字的人说来是不致混淆的。但如果着眼于国际书目情报交流,要求既易于识别著录项

---

① 普通图书著录的国家标准是《普通图书著录规则》,GB3792.2—85。

目（即使不认识著录文字，通过符号也能辨认），又利于将手工著录的目录转换成机读目录，这种传统的著录方式则无法适应。国家标准《文献著录总则》正是从克服传统方式的局限性出发，根据《国际标准书目著录》（即 ISBD）的符号系统，规定在各个大小著录项目之前冠以相应的标识符号。与传统的段落空格式相比，《文献著录总则》采用的是段落符号式。

其标识符号是：

.— 各大项（题名与责任者项、提要项除外）

══ 并列题名、并列丛编名

: 副题名及说明题名文字、出版发行者、图、副丛编名、获得方式

／ 第一责任者、与本版有关的第一责任者

; 不同著作方式的责任者、同一责任者的第二合订题名、第二出版发行地、尺寸或开本、丛编编号

, 相同著作方式的其他责任者、出版发行年、国际标准连续出版物编号、分段页码。

+ 附件

· 附属丛编名

// 析出文献的出处

按照《文献著录总则》所规定的符号系统组织起来的通用款目格式如 80 页所示。

其中，①为题名与责任者项；②为版本项；③为文献特殊细节项；④为出版发行项；⑤为载体形态项；⑥为丛编项；⑦为附注项；⑧为文献标准编号及有关记载项；⑨为提要项。

若把标准著录格式与传统著录格式作一比较，可以看出这两者之间的著录项目、项目的组织及表达方式虽大体相同，但仍有明显区别。在著录项目及其组织上，标准著录格式将题名与责任者合并为一大项；设立排检项，将全部著录标目集中，形成标目与著

①正题名＝并列题名:副题名及说明题名文字〔文献类型标识〕/
第一责任者;其他责任者.—②版次及其他版本形式/与本版有关的
责任者③.—文献特殊细节④.—出版发行地;出版发行者,出版发行
日期(印刷地:印刷者,印刷日期)
　⑤页数或卷册数:图;尺寸或开本＋附件⑥.—(丛编名/责任者,
国际标准连续出版物编号;丛编编号、附属丛编)
　⑦附注
　⑧国际文献标准编号;中国文献标准编号(装订):获得方
式⑨提要
　Ⅰ题名　Ⅱ责任者　Ⅲ主题词　Ⅳ分类号
　　　　　　　　　　○

录正文分离。著录正文作为客观描述部分,标目则作为规范化、标
准化的排检点部分,这是标准著录格式最主要的特点。在著录项
目的表达方式上,标准著录格式虽也采用段落式,但并不十分强调
段落区分,特别是书本式目录可以用连续著录而不需要段落(提
要项除外)。同时,两者之间最显著的区别在于标准著录格式的
著录项目都具有相应的前置标识符号,这是传统著录格式所没
有的。

标准著录格式的著录项目与排列顺序和世界各国普遍接受的
《国际标准书目著录》相一致,有利于中外书目交流。标准著录格
式符合文献编目工作现代化的要求,由于标准著录格式将著录项
目划分为固定不变的著录正文和可变的检索点两大部分,并采用
相应的标识符号系统,这就完全适应了电子计算机一次输入和读
者多途径检索的要求。

对少儿图书馆来说,由于图书文献的实际情况、图书馆的具体
条件及读者对图书文献的要求等与其他类型图书馆不尽相同,可
以根据著录项目的选择,区别不同的著录详简级次。这样,既可为

图书馆节省一定的人力、物力，又可为读者减少利用目录的困难。《文献著录总则》将著录项目区分为主要项目与选择项目，只要在不违反原则的前提下（例如，具有基本项目、统一的排列顺序等），是可以有一定的灵活性的。

主要项目包括题名与责任者项的正题名、第一责任者；版本项；出版发行项的出版发行地、出版发行者、出版发行日期；载体形态项。

选择项目包括并列题名、副题名及说明题名文字、文献类型标识、其他责任者；文献特殊细节项；印刷地、印刷者、印刷日期；丛编项；附注项；文献标准编号及有关记载项；提要项。

著录的详简级次的区分和适用范围

著录详简级次区分为简要级次、基本级次和详细级次。各级次所包括的著录项目及适用范围规定如下：

（一）凡款目仅著录主要项目，称为简要级次或第一著录级次。

（二）凡款目除著录主要项目外，还著录部分选择项目，称为基本级次或第二著录级次。

（三）凡款目著录主要项目及全部选择项目，称为详细级次或第三著录级次。

（四）国家书目及全国集中编目必须采用详细级次，其他类型的目录的详简级次自行选择。

著录项目的选择，首先取决于文献本身的特点；其次，取决于图书馆的目录制度和著录方法。例如，一个图书馆不设主题目录，就不必在排检项著录主题词。少儿图书馆强调对少年儿童的指导，就可以重视提要的撰写，对图书内容进行简介或评述。

仍以《来自远方的信息》一书为例，说明如何运用《文献著录总则》，并与传统著录方式作一比较。

> 来自远方的信息:通讯史话/汪天云 王润生著. —福州:福建人民
> 出版社　1984.10
> 　87 页;32 开. —(少年科学史话丛书)　0.28 元
> 　本书以……
> I 来自远方的信息　Ⅱ 汪…;王…　Ⅲ 通讯史　Ⅳ TN91-09

　　这里,基本上采用的是第一著录级次所需的主要项目。此外,在主要项目的基础上增加了提要项。

　　二、连续出版物著录①

　　连续出版物是指每期都具有表示彼此连续关系的符号,并且意图无限期地逐次每期连续出版下去的出版物。少儿图书馆收藏的期刊、报纸、丛刊、杂志性图书等均属于连续出版物。

　　期刊:按图书馆入藏时间的长短,可分为现刊、过刊两种。收藏未满一年的期刊称为现刊,收藏超过一年的称为过刊。现刊一般不予装订,过刊大都装订成册。无论现刊或过刊,著录时均应以整套期刊为著录对象。著录内容由两部分组成:一是全套期刊总的情况,包括创刊时的基本情况和其后在出版过程中的变化情况;二是本馆的收藏情况。其中,出版过程中变化情况的著录,是期刊著录的一个重要特点。鉴于期刊长期连续出版,其著录必然长期持续进行,不像图书可以一次完成。例如:

> 儿童时代:中国福利会儿童时代社编辑委员会. —1950.4,
> NO.1~. —上海:儿童时代社,1950.4
> 　　　no.;16 开
> 半月刊. —本刊 1964 年休刊,1978 年 4 月复刊
> 　　　　　　　　　　　　　　　　　　　　　接次片

----

　　① 连续出版物著录的国家标准是《连续出版物著录规则》,GB3792.3-85。

```
儿童时代
馆藏
1953,no.20——1953,no、24
1954,no,1——1954,no、24
    ⋮
1963,no、1——1963,no、24
1978,no、1——1978,no、9
1979,no、1——1979,no、24
    ⋮
1983,no、1——1983,no、24
```

报纸:我国中小型图书馆对过期报纸一般不予编目,只对现期报纸采用一种近似现刊登记卡的报纸登记卡加以登记。但在大中型图书馆,为保存历史文献,除了对现期报纸进行登记外,还将一年后的过期报纸予以装订、编目,其编目方法与过期期刊基本相同。

三、视听资料著录①

视听资料的著录项目与印刷型出版物有所不同。首先,必须著录载体代码和语种,以反映资料的具体类型及其所使用的外国文种;其次,必须著录资料的制作地、制作者和制作期,以反映资料的时效性、使用期及有关的制作情况;再次,必须在外型描述中著录特有的数量、规格情况,以体现不同于印刷型出版物的外在特征。

唱片:按唱片记录的信号类型,可分为单声道唱片和立体声唱片;按其物质片性,可分为塑料薄膜唱片、电木唱片等;按其记载的内容体裁,可分为音乐唱片、语言教学唱片等。

---

① 视听资料著录的国家标准是《非书资料著录规则》,GB3792.4-85。

例如：

```
H319.4                                      AP 索取号
  北京业余外语广播讲座英语教学片初级班〔英〕/张冠林、屠蓓、朱
欣茂朗读;屠蓓、朱欣茂、吴千之、熊德锐演播. —北京:中国唱片社,
1978(北京:北京唱片厂等灌制,1977~1978)
  28 张(201′40″):塑料薄膜;17.5cm;33 1/3 + 教材 2 本
  听力材料/朱欣茂、屠蓓、吴千之、熊德锐演播. —歌曲/钱慧娜等
演唱
```

磁带:按物质形态,可分为盒式磁带和盘式磁带;按其功能,可分为录音磁带、录像磁带;按其物质结构,可分为多声道磁带和单声道磁带;按其长短规格、录音时间,有 60 分钟、90 分钟等之分。

磁带的著录方法如下例:

```
H319.4                                      AH 索取号
  初中英语课本 第三册 = English Junior Book 3〔英〕/彭文兰、斯蒂
文斯基朗读;邓炎昌审. —北京:人民教育出版社,1983,2 盒(110′)
+ 课本一册
```

录像制品:可分为盒式循环录像带、盒式录像带、开盘录像带、录像片等四种,其著录方式如下例:

```
H193.4                                      VH 索取号
  离群的小鸡:看图说话〔汉〕/郭思多. —北京:中央电教馆,1981
(辽宁本溪:教育学院电教部制,1981)
  1 盒(45′):3/4 英寸;60′;PAL;彩色
  适用于小学教师、师范生
```

视听资料的形式有多种,除唱片、录音带、录像制品外,还有幻

灯片、投影片、电影胶片、缩微制品等。随着少儿图书馆事业的发展和图书馆技术设备水平的提高,视听资料的管理工作会越来越重要。

第四节 目录组织与目录体系

按照图书特征划分的四种目录(分类目录、主题目录、书名目录、著者目录),实际上只有两种组织方式,即分类式和字顺式。

一、分类目录的组织

分类目录的组织依据是一个图书馆所选定的图书分类法。在分类目录中除分类款目(即著录分类号的通用款目)外,还有分类附加款目、分类分析款目、指导片和参照卡片。藉助于这多种卡片,分类目录就能将一种图书或资料的内容充分揭示出来,将一门知识的材料有系统地集中起来。

分类号是代表类的顺序和隶属的符号,因此,组织分类目录的工作,主要就是将各种款目依照分类号排列起来。字母就依各种文字字母的本身顺序排,如 A、B、C、D……阿拉伯数字则按小数制的顺序排,如 1、11、121、2、21……。类号相同的书按书码的固有顺序排。

分类附加款目指的是加上附加分类号的款目。在分书过程中,对一些内容涉及几个知识部门或一个门类中几个问题的图书,除分入一个主要类目外,还可考虑将其反映到其他有关的类目。这种重复反映同一部书的方法叫互见。互见产生的分类号叫附加分类号。

有时全书已归入一个类目,但其中的一部分材料对另一门类更为重要,就可将这一部分内容分析出来单独归入另一有关门类。

分析后得到的类号叫分析分类号,加上分析分类号的款目叫分析款目。

附加分类和分析分类只适用于组织分类目录,而不能用于图书排架。因为一种书在书架上只能占有一个位置。

分类目录的指导片能揭示分类目录的结构及其逻辑系统,揭示各类目的内容,突出指示各类中最重要的著作。

指导片分一般指导片和特殊指导片两种。一般指导片能帮助使用目录者迅速找到所需类目,它表示分类目录的结构、各类的类目名称和类号。如图:

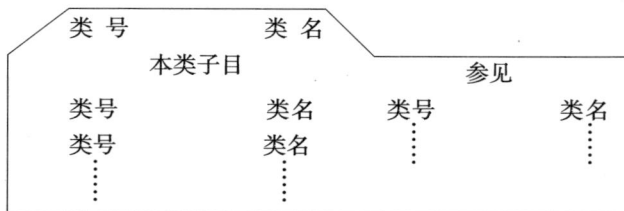

特殊指导片用以突出推荐重要著作,一般使用异于一般指导片颜色的导片,以示醒目。特殊指导片可视需要随时添制或撤除,它只用于读者分类目录。

指导片能揭示分类体系中的隶属关系,但不能揭示类与类之间的交叉联系的关系。使用参照片能将一类指引到其他有关类,更好地发挥分类目录的检索作用。例如,对于交替类目的处理,可通过参照片告诉使用者某类书不属此类而属他类。例如:

分类目录的每个抽屉的标签上,都要写明类名和类号。

二、字顺目录的组织

汉字字顺目录的组织,在很大程度上取决于汉字的检字法。汉字检字方法基本上有字音和字形两大类。目前呈现大量采用字音检字系统的趋势,在少儿图书馆更宜提倡采用汉语拼音检字方法。

按照字顺系统排检的目录有书名目录、著者目录、主题目录。

书名目录是把以书名为标目的款目,按书名字顺组织起来的目录。它是由书名款目、书名附加款目、书名分析款目、书名参照片和书名指导片所组成。

著者目录是将以著者为标目的款目,按著者字顺组织起来的目录。它是由著者款目、著者附加款目、著者分析款目、著者参照片、著者指导片组成的。

主题目录是将以主题为标目的款目,按主题字顺组织起来的目录。它由主题款目、主题附加款目、主题分析款目、主题参照片、主题指导片组成。

三、图书馆目录体系

图书馆目录体系是研究图书馆多种目录之间的有机联系。由于图书馆的类型、规模、藏书量、读者成分、工作机构和馆舍设置情况的不同,会形成不同的目录体系。就少儿图书馆来说,读者的年龄阶段是考虑建立目录体系的一个重要因素。

(一)低年级读者目录

可为低年级读者编制:

1. 专题目录

反映周围事物的专门问题、社会政治教育和自然科学知识的各种专题,都可作为编制目录时的选题。如在"伟大的祖国"专题目录中,可向低年级儿童介绍有关中国悠久的历史、灿烂的文化、雄伟的山川、富饶的矿藏的图书。

2. 作品体裁目录

童话、寓言、诗歌、故事等各种体裁,不论是文艺性的还是科学知识性的读物,均可编成作品体裁目录。

低年级读者目录的形式可以采用彩色封面卡片目录、画册式目录、折页式目录、挂图式目录。目录上除了绘制图画增强直观性、形象性以外,还可以在目录上著录著者、书名、内容提要,可以摘录有趣的引文或提示问题。这样,既通过图画形象说明图书主题,又通过简明的文字解说来揭示图书内容,以便帮助少年儿童在阅读图书之前能对图书产生一个初步的印象。

(二)中年级读者目录

中年级读者目录具有过渡目录性质,在形式上仍应尽量多利用直观的图画帮助小读者掌握图书主题概念,并力求简明、易为其理解。同时,要根据儿童知识领域的扩大,阅读能力的提高,目录的主题和范围也要相应逐步变得复杂些。结构上可采用类似分类目录逻辑结构的多级主题目录,在某些主题内再按问题性质、作品体裁或历史时期进行细分。可大致分为:

1. 画册式分类目录

本质上它是一种分类目录,只是在装饰上比较新鲜活泼,在画册封面上注明类名,同时用图画吸引读者的注意力。

2. 体裁目录

中年级读者体裁目录与低年级读者体裁目录相似。

(三)高年级读者目录

高年级读者可使用分类目录。这是由于他们在学校里学习的科目日益复杂,广泛接触历史、地理、生物、数学、物理、化学等学科,社会生活经验逐渐丰富,思维的概括、抽象能力逐渐增强。阅读能力的提高,使他们有可能较系统地阅读报刊资料,并表现出兴趣的广泛性和倾向性,显示出多方面的才能和爱好。

高年级读者分类目录的组织和著录事项,与一般图书馆的分类目录相同,只是在著录事项中应更加强调内容提要的撰写。内容提要除简要介绍图书内容外,还可指出作品的主题思想、主人公的特点、作品时代背景,并可进一步介绍作者的生平和写作特点以及作者写作材料的来源。最好能配合学校的教学大纲,做好分类目录的组织工作,使读者尽可能多地了解书籍的用途,了解书本知识与实际生活的联系。

苏联列宁图书馆少年儿童阅览部在组织分类目录时,从配合学校教学大纲考虑,采用一系列方法旨在充分揭示图书内容。例如,对少年儿童在学校学习的科目,如果分类法中有关类目不够细致,就在分类目录中作进一步反映,增加一些细小类目,而这些增加的类目术语与教科书中的术语保持一致,以减少少年儿童利用目录时的困难。

除分类目录外,高年级读者目录还可以根据条件组织书名目录、主题目录、专题目录、课程目录等。

少儿图书馆公务目录一般都有一套书名目录,规模较大的少儿图书馆还可再设一套分类目录。

关于目录之间的关系问题,第一,要建立各种、各类目录之间的联系,如中外文目录之间;书名、著者、分类、专题目录之间彼此如何联系。第二,要避免目录之间的重复,这里牵涉到一系列编目技术问题和计划性问题,要制定详细的编目规则才能解决。

对于目录体系作出的决定,应该用文字形式固定下来,成为图书馆的目录制度,才能保证全馆目录的统一和完整。同时,多种目录之间应分工合作,互相补充,组成一个整体。

第八章　少儿图书馆读者工作

第一节　读者工作的原则与智力培养

少儿图书馆的业务工作可分为藏书和读者工作两大系统。这两者都是直接和间接为读者服务的工作。图书的收集、加工与整理是少儿图书馆工作的手段，是为图书的流通所做的准备工作，而图书的借阅，利用图书对读者进行教育，则是少儿图书馆的最终目的。同时，通过读者工作能得到内部工作质量的反馈信息，作为改进和提高藏书工作的依据。而这两大工作系统相辅相成、密切配合才能顺利完成图书馆对少年儿童的教育任务。读者工作能充分体现少年儿童图书馆的教育职能，衡量少年儿童图书馆的工作水平。做好读者工作，不仅能使藏书被充分地利用，使整个图书馆生气勃勃，而且能在培养社会主义一代新人的工作中，发挥积极作用。

一、读者工作应坚持的教育原则

（一）通过多种渠道对儿童进行教育

少儿图书馆的读者工作是通过多种渠道、采用各种方法，把思想教育工作渗透到读者工作的各个方面，达到对少年儿童进行教育的目的。它有时是潜移默化的，有时是注入鲜明的观点，有时是形象的感染，有时是在组织各种读书活动、与读者谈话、推荐图书、宣传辅导的过程中,教给少年儿童马克思主义的立场、观点和方法,提高他们辨别是非、善恶和美丑的能力。这就要根据少年儿童的思维能力、认识水平和生活经验,由浅入深、从低到高、反复循环地使思想认识、道德观念从一个层次向更高一个层次前进,使他们的思想水平得到不断提高。

(二)根据读者的不同情况和需要开展教育活动

少年儿童各年龄阶段的思想状况、知识水平、心理活动等均具有不同的特点,应根据读者的不同情况和需要开展教育活动。首先,在图书馆的布局上,阅览室、外借处的设置,要尽量照顾到不同年龄阶段小读者的不同要求。有条件的地方,可按低年级、中年级、高年级分别设立借阅部门。其次,帮助读者选择图书,进行阅读指导,以及组织图书活动、编制各种书目参考资料,都应针对小读者的不同需要开展。再次,由于少年儿童在发展过程中,高级神经活动和气质上的特点,以及家庭和社会环境的区别,又形成了读者性格、品质和智力活动的个别差异,应根据他们的差异"因材施教",通过阅读活动,充分发展他们的智力和才能。

(三)发扬少年儿童的主动进取和创造精神

少儿图书馆的读者工作应以读者的兴趣和独立活动为主,给予他们选择的自由,使他们在图书馆的各项活动中成为图书馆的主人、学习的主人和活动的主人。我国教育家杨贤江提倡引导学生在求知的道路上自己活动,主动进取。他认为:自己活动当是教育的出发点,而也当是教育的到达点。这可积极地启发少年儿童的读书兴趣,引导他们独立思考、分析和解决问题,有利于发扬他们的主动进取和创造精神,达到图书馆的教育目的。

(四)利用直观教具、视听资料进行直观宣传

在对读者进行图书宣传、阅读指导工作中,利用直观教具、视听资料把图书中的知识、抽象的概念变为可以观察、触摸、操作与想象的内容,来帮助少年儿童获得新的知识,提高理性认识。这是

因为直观宣传能从听觉、视觉和思维活动各个方面同时调动读者的阅读积极性，可帮助少年儿童对阅读的材料、感知的事物通过"联系通道"来强化进入大脑的信息。也就是使他们的眼、耳、口、手等多种感知器官，在同一时间内共同参加识记活动，进行综合性的信息传输，从而起到强化信息、更易于接受的目的。

直观宣传有多种形式，包括：

实物直观：配合图书宣传引导读者观察实物标本、进行演示实验、组织访问参观等。

模像直观：引导读者观图片、看录像，利用幻灯、电影揭示书籍内容等。

另外，直观宣传也应注意语言的直观性。即对书籍的内容，事物的现象，用准确的语言，进行形象、生动、有趣、逼真的描述，而且浅显易懂，使小读者有"身临其境"、"如闻其声"的感觉，把他们带入意想的境界。

二、读者工作与少年儿童的智力培养

智力是一种直接影响活动效果，使活动顺利完成的个性心理特征。它和知识、技能都是保证活动获得成功的重要条件。智力主要是指人的认识能力的总和，指人的认识客观事物以及运用知识解决实际问题的能力。

知识和能力密切相关。知识是人类社会历史经验的概括和总结，是智力发展的基础。智力的发展要以知识为原料，经由掌握知识技能并广泛迁移的活动而形成，而掌握知识技能又是以一定的智力为前提的。智力是掌握知识技能的内在条件，它有效地适应和调节着人们的各种认识活动和实践活动，并保证这些活动顺利进行。没有一定的智力发展，要掌握知识技能是不可思议的。智力发展水平的高低制约着掌握知识技能的快慢、难易和顺利的程度，特别是能否灵活运用。开发儿童智力，是当今国际上教育发展

的共同趋势。少儿图书馆必须重视少年儿童的智力培养。

发展儿童的智力，应着眼于培养和发展儿童的各种能力，尤其是观察力、思维力、想象力、注意力和记忆力。

（一）培养观察力

观察力就是有目的、有计划地感知客观事物、发现事物典型特征的能力。通过培养，使儿童能做到准确、敏锐、深刻、全面和细致地反映事物，这就具备了良好的观察能力。

观察是掌握知识的必要条件，是创造的前提，也是少年儿童认识自然和社会的重要途径。他们都是通过观察而源源不断地获得大量的感性知识，并在此基础上把感性认识上升为理性认识。

良好的观察力应具有以下几个特征：（1）明确的目的性；（2）受任务支配的选择性；（3）周密的计划性；（4）感知对象时的完整性和精密性。对观察的要求是认真、精细、多想、多问。

一般儿童不善于观察，即使进行观察，也往往忽视计划性和系统性，缺乏明确的目的和良好的观察程序，易受教育条件、兴趣和情绪的影响。应针对儿童的这一特点，引导他们对所阅读的书刊内容、展现在眼前的事物、实践活动中所接触的对象进行仔细观察。首先观察其大体，进而观察其细节，再和类似事物作比较，并用确切的语言表述出来。通过这样的引导，使少年儿童从书本到实践，从无意变有意，从被动到主动，从片面到全面，从表面到深入，逐步学会观察，并渐渐具有独立观察的能力。少年儿童只有学会科学地观察世界，方能深入地阅读图书，开阔视野，丰富想象，进一步提高判断力和创造力。

（二）发展思维力

思维是人类特有的认识过程，是人脑对客观现实概括的、间接的反映。概括的反映，是指所反映的不是个别事物及其特征，而是一类事物的共同的本质特征；间接的反映，则是指通过其他事物作媒介来反映客观对象。只有通过思维才能透过现象认识事物的本质,掌握事物的规律。思维力是智力的核心,它包括分析、综合、概括、判断和推理等能力。这是一种更为重要的认识能力。一切真知灼见都是积极思维的结果。

良好的思维能力要求具备以下几方面的品质:(1)批判性。既不"先入为主",也不盲从,而是按照实际情况,实事求是地思考问题,坚持真理,修正错误;(2)广阔性。就是善于从各方面看问题,全面地分析问题;(3)灵活性。思考能适应不断变化的具体情况,不固执己见,不拘一格;(4)深刻性。不停留在表面,而能透过现象去发现本质问题;(5)敏捷性。即能迅速地认识和解决问题。

发展儿童的思维力,首先要为他们提供想问题的思维材料,激发其想问题的思维习惯。少儿图书馆组织的各种内容新颖、寓意深刻的读书活动、智力竞赛活动,向少年儿童提出了许多新问题,促使他们不断地开动脑筋,积极思考,解决问题。在这样多次循环的处理问题的过程中,就能逐步地培养他们思考迅速,反应快,想问题有一定的深度,对问题有一定的见解,甚至独特的见解。

观察与思维是不能截然分开的。应培养儿童边观察、边思索的良好习惯。在引导儿童观察的同时,进一步帮助他们讨论图书,加深对图书的理解,并进行分析、综合、比较、抽象、概括,从感性认识向理性认识飞跃。

(三)丰富想象力

想象力是在过去感知材料的基础上,创造出新事物的形象,亦即在头脑中改造表象,而创造新形象的能力。

想象在人类的认识与实践中起着重大的作用。爱因斯坦说:"想象力比知识更重要,因为知识是有限的,而想象力概括着世界上的一切,推动着进步,并且是知识进化的源泉。"①马克思把想象

---

① 转引自四川人民广播电台科教组:《儿童心理浅说》第 70–71 页,四川人民出版社,1980 年。

力称作"十分强烈地促进人类发展的伟大天赋。"①科学研究离不开想象力,求知创新更需要有丰富的想象力,阅读图书也必须发挥想象力的作用。

良好的想象力应是:(1)随意性。想象服从活动的目的要求;(2)创造性。想象是独特的、新颖的;(3)清晰性。所创造的形象不模糊;(4)实现的可能性。想象的目的要能为认识世界、改造世界服务。

少年儿童的求知欲旺盛,想象力发展很快,他们往往以想象来猜测自己还不了解的美妙世界。但由于他们的知识、见闻有限,因而想象较狭窄、肤浅,甚至脱离实际。

少儿图书馆(室)发展读者的想象力,首先要在阅读图书中,满足他们在学校和家庭中无法满足的求知欲望,以开阔他们的视野,丰富他们的表象、语言和知识。在组织图书活动中,尽量使活动的名称和内容增强遐想与浪漫的色彩,引导孩子们展开想象的翅膀,追求新的知识。其次,在阅读过程中,帮助他们正确地想象作品描述的情景,理解人物的情感,丰富他们的词汇、语言,使其想象构思更广阔、更深刻、更概括。另外,在科技实验中,激发其创造想象力。

幻想是创造性想象的特殊形式。列宁高度重视这种创造性想象。指出:幻想"这种才能是极其可贵的。有人认为,只有诗人才需要幻想,这是没有理由的,这是愚蠢的偏见。甚至在数学上也是需要幻想的,甚至没有它就不可能发明微积分。幻想是极其可贵的品质。"②少儿图书馆要重视儿童的幻想能力,应利用他们善于幻想的特点,帮助他们发展想象力,发挥他们的创造精神,促使他

---

① 转引自四川人民广播电台科教组编:《儿童心理浅说》第70－71页,四川人民出版社,1980年。

② 《列宁全集》第33卷,第282页,人民出版社。

们幻想明天,探索未来,从小在他们的心田里播下理想与创业的种子,树立发展科学、创造新世界的志向。

（四）提高注意力

注意力是意识指向和集中一定对象的能力。注意不但是认识活动的开端,而且是认识活动的伴随者。只有使注意始终伴随着认识,认识活动才能处于积极状态,从而更正确、更清晰地反映事物。注意是少年儿童掌握知识的基本条件之一。培养少年儿童读者具有高度集中的注意力是发展智力不可忽视的一环。

注意通常分为无意注意和有意注意。无意注意是一种没有自觉目的,也不需主观努力的注意。有意注意是有预定的目的,必要时需作出一定努力的注意。它是受意识支配的,是人所特有的心理现象。

良好的注意力应当是:（1）随意性强。能较好地受意识的控制,受活动的目的、任务的制约;（2）注意稳定,但需要转移的时候能顺利转移;（3）注意集中,不易受外因的诱引而分散;（4）有较广的范围,一次能注意较多的对象;（5）善于分配,能同时注意几种活动。

一般儿童注意力不够稳定,常因外界的各种刺激或随情绪的变化而转移,注意的范围较窄。尤其是小学低年级学生无意注意占优势,但中高年级学生的有意注意则有较大的发展,能较持久地集中注意于应当进行的活动。

少儿图书馆（室）的读者工作应针对儿童的上述特点,有意识地培养他们有意注意的能力。组织集会和各种兴趣小组的活动,要力求主题内容鲜明,对儿童所要掌握的知识或完成的任务,提出明确的要求。在阅读图书的过程中,尽量提示小读者应掌握的重点。这些,对小读者注意力的稳定、集中能起很大的作用。久之,就会使他们逐渐形成各种集中注意的能力和习惯,促使其求知欲明显增强,学习成绩有显著的进步。

（五）增强记忆力

记忆是人脑对经历过的事物的反映。人们把感知过的事物、思考过的问题、做过的动作,铭记、保持在头脑里,需要的时候把它回忆出来的能力,即记忆力。

记忆力是智力结构中的一个重要组成部分,是想象力、创造力、逻辑思维能力的基础。少年儿童学习知识必须从记忆开始,方能把学到的东西积累起来,不断丰富自己的知识,从而能以推理、想象。记忆在人的实践活动中,作用非常突出。

识记通常分为无意识记和有意识记。无意识记是事前没有识记的目的任务,也不应用有助于识记的方法,自然而然地进行的识记。它的偶然性成分大,记住的东西缺乏完整性、清晰性与准确性。有意识记又分为机械识记和意义识记。机械识记是用简单重复的方法进行的识记;意义识记是以理解事物的意义为基础的识记。

良好的记忆力要求具有:(1)识记的敏捷性,即记得快;(2)保持的持久性。即记得牢;(3)重现的正确性,即记得准;(4)记忆的准备性,即对已识记的材料,在需要时能及时迅速地进行回忆。

从儿童的记忆特点来看,最初,具体形象记忆优于抽象记忆。随着年龄的增长,学习和生活条件的变化,有意识记逐渐发展,超过无意识记。同时,在方法上,意义识记也超过机械识记,并逐渐占主导地位,尤其对抽象材料的记忆增长得特别快。小学高年级学生对材料的逻辑加工,即系统化、概括化能力得到迅速发展。初中学生有意识记能力进一步提高,记忆的目的性更明确,更加服从学习任务的需要,抽象记忆能力得到相应的发展。

少儿图书馆通过阅读辅导、开展各种群众活动,可教会小读者运用正确的读书方法,加强对图书有目的地记忆,锻炼了记忆的有意性。记忆力和兴趣关系密切,兴趣是增强脑细胞活动能力的动力,是记忆力的促进剂。有趣的读书活动能吸引读者自觉地积极地进行记忆。由于少年儿童的具体形象识记和机械识记占有重要的地位,少儿图书馆利用视听资料,可使他们易于接受和理解教育的内容,有效地提高记忆力,促使记忆力逐步由机械识记过渡到意义识记,并使后者占主导地位。

第二节　图书流通

图书流通在少儿图书馆(室)的各项工作中占有重要地位。它是经常性的业务活动,但不是单纯的、机械的借还图书,而是一项思想性、教育性强的工作。图书流通有以下几种基本形式。

一、阅览工作

(一)阅览室的组织

阅览工作是组织读者在馆内阅读图书的一种服务方式。阅览室是读者自学的场所,也是开展图书宣传、阅读指导与参考咨询工作的基地。每个少儿图书馆(室)都应设立阅览室,为少年儿童提供阅读图书、报纸、杂志的良好条件,使他们能利用书刊、参考工具书、各种书目资料、不予外借的收藏较少的或珍贵的出版物以及各种教科书进行广泛地阅读,充分地利用馆藏。

阅览室里应经常陈列图书,组织小型图书展览,张贴宣传画、推荐书目,组织各种读书活动,吸引读者的读书兴趣,辅导读者正确地阅读图书。

参考工具书应集中放在便于借阅的书架上,以便随时辅导读者利用工具书查找疑难的字词,解答读者提出的咨询问题。

新近出版的报纸、杂志应放在显著的位置上,便于读者掌握最新的消息,了解国内外重大事件及科技新成就。

(二)阅览室的种类

1. 按读者对象可分为：低年级阅览室（或低、幼阅览室）、中年级阅览室、高年级阅览室、少年阅览室，或小学生阅览室、中学生阅览室、儿童教育工作者阅览室（资料室）。

2. 按出版物形式可分为：文字书阅览室，连环画阅览室、报刊阅览室。

3. 综合阅览室。这是由于馆舍面积、人力、藏书条件有限而设立的，但应尽可能地考虑不同读者的需要，如给低年级儿童分配单独的阅览桌或布置专门的阅览角，便于馆员根据不同年龄读者的特点进行阅读指导。

4. 按日期或按钟点为不同读者开放阅览室。这是充分利用馆舍条件，满足各种读者阅读要求的有效方法。如有些少儿图书馆（室）利用上午学生上课时间主要接待幼儿园的小朋友，学生放学以后，再接待中小学生。

（三）借阅方式

有读者自由来馆阅览和由教师组织班级集体来馆阅览两种方式。前者，阅读比较灵活，不受时间限制，可根据个人兴趣选择图书、参加各种图书活动。后者，学生有组织，守纪律，易于维持阅览室的秩序，便于组织集体阅读指导。

个人读者凭阅览证和学生证借阅图书。

集体来馆阅览的学生可采取个人借阅或小组借阅两种方式。连环画宜于小组借阅，按人编组、书编套的办法借阅管理比较方便。

二、外借工作

（一）个人外借

这是外借工作的主要形式，可满足读者对图书的不同要求与爱好，也是培养基本读者的基础工作。

读者登记：要做好个人外借工作，先要发展读者，进行读者登阅览证的格式如右：

×××少儿图书馆阅览证	
证号____	
姓名____ 性别____	照片
学校_____	
_____年级____ 班	
发证时间 年 月 日	

记。发展读者，一般采取本人申请、家长同意、学校批准的方式，使真正具有读书愿望的小读者获得借书证，并便于家长和老师关心儿童的阅读，支持少儿图书馆（室）的工作。

读者个人外借申请登记卡格式如下：

（正面）

×××少儿图书馆个人外借申请卡

<u>我愿遵守图书馆一切规则，要求作为你馆外借读者</u>

姓名_____ 性别_____ 年龄_____ 学校_____ 年级_____ 班_____

家长工作单位_____ 职务_____

家庭地址_____ 家长签名_____

（反面）

本校同意该生为你馆外借读者

学校地址_____ 电话_____

班主任签名_____ 学校盖章_____

备注_____

（个人外借申请登记卡片也可与读者借书记录簿合在一起）

读者登记工作每年进行一次。每个登记的小读者都要填写个人外借申请卡，经批准后，发给个人外借证，借书时则要填写借书记录簿。在读者登记过程中，馆员通过与儿童谈话、翻阅学生手册和填写表格等方式，了解小读者的学习成绩、爱好、特长、操行以及过去阅读图书的情况，这将有助于开展阅读指导工作，并巩固读者队伍。个人借书证格式如下：

（封面）
个人借书证
格式

×××少儿图书馆个人外借证

照片

证号_____

（封底可印借书规则）

姓名_____ 性别_____ 年龄_____

学校_____

年级_____ 班_____

（芯页）

还 书 期 限 表			
应还日期	还期	应还日期	还期

（封面）
读者借书记
录簿格式

	证号____

××少儿图书馆

读者借书记录簿

姓名_____ 性别_____ 年龄_____

学校_____ 年级_____ 班_____

学校地址_____ 电话_____

家庭地址_____

领证时间　　年　　　月　　　日

（芯页）

应还期	书　　　名	收回盖章

逾期记录		
盖章处	次数	日期
备注		

（封底）

新发展的外借读者初次来馆借阅图书时,需给帮助。可召开读者会,首先,要逐项说明外借规则,对读者进行一次爱护图书与严格遵守借阅制度的教育,以帮助读者从开始利用图书馆就养成遵守制度的良好习惯。其次,要指导儿童使用图书馆目录和掌握填写索书单、办理借书等具体方法。开始借阅时,还要帮助读者挑选适合各人程度的图书,以使他们产生阅读兴趣,避免挫伤他们的读书积极性。再次,在归还图书时,要与新发展的外借读者谈话,了解他们在阅读中存在的困难和问题,并给予热情的帮助与指导。

此外,有的少儿图书馆还发放母子借书证。读者对象是有一定阅读能力和热心幼儿教育的孩子父母亲。目的是给孩子借阅学前教育的读物或供父母阅读的如何教育孩子的书刊。

借书记录的排列方法:借书记录包括借书证、借书记录簿、书卡、索书单和期限表等。正确地排列借书记录是保证图书正常流通的重要条件。完善的借书记录应能回答三个问题:1.某读者借了什么书;2.某本书被谁借去了;3.某日有哪些图书应归还。图书馆可根据人力情况,分别排列一套或两套借书记录,即单卡制、双卡制,以了解上述问题。

少儿图书馆(室)一般采用单卡制,只需排列一套记录档。

第一种排列方式:借书证由读者保管,书卡夹在读者借书记录簿内,按还书日期排列读者借书记录簿。同一日期内,再按读者的证号顺序排列。这种方法能查出某日应有哪些读者还回什么图书,便于过期催还图书,但缺点是读者急需某书刊时,无法查出图书的去向。

第二种排列方法:先按单位进行排列,再按读者证号排列。这种方法能回答某人借走了哪些书。

第三种排列方法:按索书号的顺序排列,能回答某书被某人借走。

以上三种方法都只能回答一个问题,但手续简便,对少儿图书馆(室)较为适用。

有些少儿图书馆条件许可,也把读者借书记录分别排成两套检索系统。即双卡制。它有三种排列法。

第一种排列方法:①将索书单夹在读者借书记录簿内,按归还日期排列读者借书记录簿,同一日期,再按读者证号排列;②书卡按索书号排列。其优点是能查出某书的去向,又能了解某天应有哪些读者还书,便于寻找某本急需的图书,并催还到期图书。

第二种排列方法:①借书记录簿按读者证号排列;②索书单按归还日期排。它能了解某人借走哪些书,某天有哪些书归还。

第三种排列方法:①借书记录簿按读者证号排;②索书单按索书号排。它能说明某人借走哪些书,某书被某人借走。

双卡制的每种排列法,都能回答两个问题,但工作量大,手续较繁,费工费时。

(二)集体外借

为方便少年儿童利用图书馆,并帮助经费有限、书源不足、设备较差的学校及其他校外教育机构满足学生课外阅读的要求,少儿图书馆(室)可根据藏书情况开展集体外借,以扩大图书的流通范围。

1.小组借书。以班级学习小组、读书小组、家庭学习小组为单位,组成图书阅读小组,由组长负责借还图书。文字书、连环画都可采用这种办法,以保证每人至少借到一册。

2.单位借书。以学校、街道图书馆、基层少儿图书馆(室)、少年宫、少年之家、工厂、少年科技站以及班级、团队组织等为单位办理集体外借。借书的数量可根据各单位读者数量和馆藏图书量酌定,借书期限较长,一般为一个月或一季度。借书方法以图书馆分配为主,自选为辅。各单位应指定一名责任心强的同志负责借还图书工作。

3.馆际互借。它是通过馆与馆之间互借图书来满足读者比较特殊的或因教学活动必须集中大量复本的需要而开展的。这样，少儿图书馆可把自己的馆藏供给更广泛的读者利用。

三、馆外流通

（一）图书流通站

少儿图书馆（室）可在离馆较远的学校、工厂、农村和街道建立图书流通站，开辟流动阅览室，定时开放，供少年儿童阅读图书。特别是县、区少儿图书馆（室）应尽可能把图书送到乡、镇图书馆（室），并在农村的学校建立图书流通站，以方便农村儿童借阅图书。

（二）图书流动车

少儿图书馆（室）可按预定路线，定时、定点把图书送到少年儿童集中的场所，开展巡回流通活动，为读者服务。图书流动车和流通站可结合起来开展工作。

（三）"少儿图书亭"、"大院少儿图书室"或"阅览园"

这是为基层单位利用少儿图书馆（室）的书刊而组织的，定点为读者服务，以扩大城乡儿童的校外阅读阵地。

少儿图书馆（室）应根据需要为图书流通站（车）配置图书，按期调换。送到流通站（车）的书刊由各单位的义务图书管理员或校外教育辅导员管理。少儿图书馆（室）帮助他们制定工作计划，指导他们开展图书宣传与阅读指导活动。

四、寒暑假期间的图书流通

为丰富孩子们的假期生活，少儿图书馆（室）可采用多种方式，把图书送到学校、少先队夏令营、科技活动站、少年旅行团以及儿童公园等孩子集中活动的场所，开展假期临时集体图书借阅活动，并协同市、区文化教育部门、共青团、少先队及中小学校共同开展阅读指导活动。

五、图书借阅制度

少儿图书馆采用的图书借阅制度有以下几种:

(一)闭架制

读者不得进入书库,由图书管理员根据读者的要求进库取书,再交读者借阅利用,是一般少儿图书馆经常采用的借阅形式。这比较容易管理,但不如开架方便。

(二)开架制

读者可以直接进入书库选择需要的图书,能节省填写索书单和等候借书的时间。这种办法可让读者广泛地浏览图书,提高他们的阅读兴趣,充分发挥图书的作用;也能降低拒借率,提高图书利用率;还能密切馆员与少年儿童的关系,使馆员有较充裕的时间了解读者的兴趣和需要,向他们推荐图书,解答疑难问题,并进行阅读指导。但开架制容易造成图书的破损、错架、乱架和丢失等问题,需通过加强管理和辅导工作逐步解决。

(三)半开架制

将陈列图书的每层书架面向读者的一面,安装玻璃或玻璃中间留一条缝隙或安装铁丝网。读者指出所选择的图书,由管理人员提取。这种办法可帮助读者从书名、封面挑选图书,能起一定程度的宣传图书作用,且较开架制有秩序,但不能发挥开架借阅的种种优点。

第三节　阅读指导的意义、种类和要求

一、阅读指导在儿童教育工作中的意义

阅读指导是以宣传辅导的方式,使读者引起阅读的动机,养成

阅读的习惯,达到良好的阅读效果。它是少儿图书馆教育职能的具体体现,是图书馆读者工作的重要内容。它的基本思想是:在充分了解读者兴趣和需要的基础上,挑选优秀的图书推荐给读者,引导他们系统、深入地阅读。这不仅要求儿童读书,重要的是要教会儿童怎样阅读,培养他们具有文明的阅读习惯,善于积极地思考、充分地理解图书的内容,进而对读者的思想、品德和行为产生良好的影响。

首先,阅读图书能影响少年儿童的思想、道德观念。优秀的读物能引导读者积极向上,激发他们的爱国主义、国际主义热情,陶冶共产主义的情操,形成唯物主义世界观,并帮助他们扩大知识视野,树立创造的志向,激励他们为争取美好的未来而发愤学习。但有害的读物也能毒化儿童的思想,危害他们的身心健康,甚至造成道德上的危机。阅读指导必须帮助小读者选择有益的优秀读物,有意识的指导他们阅读。

其次,阅读图书是少年儿童获得知识、掌握文化财富的基本手段,也是他们了解世界、认识自然的重要途径。组织读者阅读就是在馆员的指导下,少年儿童自学的过程,更是他们自己掌握阅读能力,提高阅读技巧,进行探索求知与自我吸收、自我积累的过程。但由于少年儿童知识水平、生活经验有限,他们对学习的目标认识并不清楚。这就需要图书馆员通过长期、细致的辅导,根据由浅入深、由简到繁、循序渐进的原则,有计划地选择、推荐图书,指导阅读,帮助他们培养阅读兴趣,提高自学能力,进而增强理解知识、消化知识的能力,为他们了解世界,认识自然打下基础。

再次,当代科学技术迅猛发展,出版物数量激增,知识的"废旧率"不断提高。在茫茫书海中,少年儿童挑选什么样的图书,怎样看书学习,积累有益的知识,迫切需要馆员给予他们必要的辅导、帮助,使他们通过长期的、有目的、有计划的"自我教育阅读",不断地积累和更新知识,为将来继续接受"连续教育"打下基础。

二、党和政府十分关心和重视少年儿童的阅读指导工作

早在 1956 年中央教育部就在有关文件中明确指出："正确地指导学生阅读少年儿童读物是学校贯彻全面发展教育方针的重要组成部分。""对小学生加强少年儿童读物的阅读指导……对小学生的文化教养,对祖国的未来,有着直接的影响。"宋庆龄在《让儿童读物更好地为培养革命后代服务》一文中指出："为了使我们的下一代能够沿着党指出的方向健康成长,不但要大量创作和出版革命的儿童读物,还要加强儿童阅读的指导工作。"要"指导儿童用正确的观点选择和阅读课外读物。"①使少年儿童能正确的领悟书刊内容,接受更深刻的教育。

在党和政府的关怀和领导下,"文革"前,为少年儿童服务的各种类型图书馆,积极开展对少年儿童的阅读指导工作,取得了显著的成绩。但在十年动乱期间,少儿图书馆事业遭到严重破坏,图书馆的各项工作均受到极大的摧残。

党的十一届三中全会以后,随着少儿图书馆事业的迅速发展,加强对少年儿童的阅读指导问题,又被提到新的议事日程上来。康克清同志 1981 年在全国少年儿童图书馆工作座谈会上曾就阅读指导问题发表了重要讲话。指出："少年儿童图书馆负有指导儿童读好书的光荣任务。要让孩子们懂得书里面的内容,懂得从书里应该学到什么,应该批判什么。有了这个指导,儿童的身心就能健康发展。"特别是为加强社会主义物质和精神文明建设,抵制和反对一切腐朽思想对少年儿童的侵袭,少儿图书馆更需要认真做好阅读指导工作,并在实践中不断创造,努力提高阅读指导的水平,更好地负起对少年儿童的教育重任。

---

① 宋庆龄:《让儿童读物更好地为培养革命后代服》,《人民日报》1964 年 5 月 30 日。

三、阅读指导工作的内容

（一）帮助小读者选择适合他们年龄、文化程度的有益图书。如选书内容太深，读一、二次看不懂，就会降低他们的阅读兴趣。一般来讲，儿童阅读书刊内容的深度，以保持在略高于或相当于读者的理解能力的水平为宜，这较有利于激发读者的积极思维。即使阅读内容的难度与读者的理解能力处于一种从不平衡（学习难度略高于理解能力）到平衡的发展过程。通过阅读，理解能力提高了，又发生新的不平衡（再稍许加大难度）的不断调整的状态。在这种循环往复的不断调整过程中，促使读者的思维能力和理解水平得到发展和提高。

（二）广泛地宣传各类图书，满足少年儿童多方面的兴趣和爱好，并有目的、有计划地对他们进行培养、启发和诱导，使他们的阅读兴趣更广泛，知识更丰富。

（三）发掘、培养和帮助少年儿童发展特殊的兴趣和才能。中小学阶段的儿童正处于打基础的重要时期。培养人才固然不是在这基础教育阶段完成，但却要求从这一时期开始。少儿图书馆应利用各种条件，在帮助少年儿童构筑基础的同时，认真地发现他们的特点，包括气质上、思维上、智慧上、能力上的特点等等，这些常是人才形成的"苗头"和最初的内在条件因素，也即读者潜在力量的所在。对于儿童特殊兴趣、爱好与才能的发现及有意识地进行培养，往往会决定孩子们将来发展的方向和对职业的选择，能以引导他们走向成才之路。

（四）教育少年儿童养成经常阅读图书的习惯，深入理解书籍的内容，具有独立利用图书馆和阅读图书的能力。

四、阅读指导的种类

（一）引导性的辅导

就是引导不读书的少年儿童进行阅读。这些不喜读书的少年儿童大致有以下几种原因：

1. 阅读能力不发达，识字基础差。智能年龄一般是六岁，开始识字。但有些儿童虽已六岁，其智能年龄却没有达到这一程度。对这样的儿童，要通过讲故事、看图画来启发他们的阅读兴趣。通过这种过渡性的辅导，引导他们进行阅读，就会使他们的智力水平有较大的提高。

2. 对阅读不感兴趣。有些少年儿童虽智能年龄达到标准，也具有阅读能力，但对读书却不感兴趣。尽管如此，他们却有其他爱好，如有的喜欢艺术、体育、绘画等等。对这类儿童就要以他们的爱好为媒介，逐渐启发他们的兴趣，引导他们阅读其他各类图书，扩大其知识领域。

3. 缺乏良好的阅读条件。有些儿童能够阅读，也爱读书，但因种种原因不能阅读图书。如家庭、学校附近没有少儿图书馆（室），没有适合其年龄的图书，家长缺乏认识而干涉课外阅读或室外噪音等等。这需帮助儿童排除"干扰"，为其阅读图书创造良好的条件。

（二）展开性的辅导

1. 不断提高少年儿童的阅读能力。在阅读过程中，对少年儿童在文字、词、句、语法上遇到的困难等问题进行辅导，并通过讲解书中的某些间接经验，使他们加深对某些问题的理解。重要的是根据儿童的具体情况，进行针对性的辅导，有利于发挥他们的聪明才智，提高他们的阅读能力。

2. 促使少年儿童的阅读兴趣不断发展。读者的阅读，开始是以弄清图书内容为主，在理解故事情节后，才能达到感情的共鸣。为此，对少年儿童的阅读，先要进行内容的辅导，再升华到思想感情方面的辅导。当读者与图书发生感情共鸣时，他对图书的阅读便发生了真正的兴趣。随着阅读兴趣的不断发展，阅读范围会逐渐扩大,其知识领域会自然地宽广。

3.开展各种读书活动,尤其对写读书笔记、读后感等开展讨论和交流体会等读书活动加强辅导,可帮助少年儿童读得更多更好,为巩固阅读成果,发展他们的智能创造条件。

（三）治疗性的辅导

这种辅导,在国外叫"读书治疗"。一般包括对以下几种少年儿童的辅导:

1.读书困难的儿童,包括阅读能力、智力较低的读书迟缓儿童以及读书消极的儿童。后者,儿童的智力发展并不低,但因种种原因,缺乏读书训练,读书有困难,阅读能力低于其他儿童。

2.读书异常的儿童,包括不读书的儿童,讨厌读书;阅读退化儿童,选书低于自己年龄,显得幼稚和阅读有偏向的儿童,专选偏怪图书与坏书,形成品德上的缺点等。

3.读书盲目的儿童,漫无目标的乱读,没有养成系统阅读的习惯。

4.读书早熟的儿童。尽管读书能力很强,但阅读与自己年龄不相适应的图书,如过早读谈恋爱的或学术性很强的书籍,但不能吸收等。

5.读书过多的儿童。阅读很多图书,有时是喜欢乱读,甚至到了废寝忘食的程度,破坏了正常的学习和生活规律。

6.读书忘形的儿童。阅读入迷,达到模仿书中人物,不能控制自己的程度。如有的男孩,看了武侠小说,整天想做侠客、成仙,精神上表现异常。

馆员可针对上述少年儿童的具体情况,有的放矢的进行阅读指导,也即通过阅读做教育转化工作,使他们逐步从书中受到启发教育,治疗思想上、心理上、品德上的"疾病",克服缺点,纠正错误,促使他们进步。

五、阅读指导工作的要求

（一）思想性、知识性、趣味性相结合

兴趣是发展儿童智力的重要因素，可以激发他们探索未知事物的好奇心。兴趣和热情是勤奋的动力。因此，少儿图书馆组织各种图书活动，开展阅读辅导工作，一定要生动有趣，引人入胜，并富有思想性、知识性，这才能吸引读者去看、去听、去学，增强求知欲，产生对学习文化科学知识的兴趣和爱好，进而去积极地探索、追求。但思想性、知识性和趣味性要和谐地融为一体，如一味地追求趣味性，将使阅读指导工作迷失方向。反之，单纯地强调思想性、知识性，忽略了趣味性，就会形成空洞的说教，无法吸引广大读者，难以激发其学习热情，再好的图书内容，也达不到良好的效果。

阅读指导工作如何吸引儿童的读书兴趣？

1. 选择深浅适宜的图书

给读者选择书刊的标准是：使读者通过努力，克服一定的困难，能有所提高，得到新的收获。少年儿童在阅读和完成练习的过程中，喜欢选择一些比较困难的材料，年级越高，成绩越好的学生，这种倾向越明显。因为：（1）较难的书刊内容能促使读者发掘潜力，激发他们产生向上攀登的愿望，从而提高学习的热情和积极性。（2）较难的学习材料，一般都是读者未学过的新知识，因而能引起其新鲜感和好奇心，增强大脑的兴奋度，阅读效果会显著提高。（3）较难的阅读材料，往往有理论较强的内容，利于锻炼读者的思维能力，特别是逻辑思维能力。（4）馆员在指导阅读的过程中有意识的将阅读难度不断加大，可使读者增强阅读的意向性与目的性，产生新的求知欲望。但是，如果读物的内容太深，读者即使通过努力也不能有所理解，有所提高，他们的读书兴趣就会慢慢减退。

2. 在已有知识经验的基础上，不断扩大知识领域

为掌握少年儿童已有的知识经验,少儿图书馆员需熟悉教学大纲,了解各门课程的大致内容。但在阅读辅导的过程中,绝不能重复学校的教学内容,而应联系少年儿童的学习、生活和实践经验,一次次提出新的要求,启发和引导他们深入地阅读和思考问题,不断扩大他们的知识范围,促使他们的阅读兴趣持久和巩固。

3. 发展直接兴趣、培养间接兴趣,巩固阅读成果

兴趣分为直接兴趣与间接兴趣。由活动过程本身和知识内容的特点,直接引起的阅读需求属直接兴趣。间接兴趣则是和阅读动机相关,与阅读的自觉性相联系,往往由于认识和需要而产生的兴趣。小学和初中学生以直接兴趣为主。因此,应采用直观性、形象性的图书宣传、指导阅读的方式,使读者运用多种感觉器官接受外界的多种信息,以吸引他们的读书兴趣。也要培养他们的间接兴趣,引导读者把学习文化科学知识与四化建设需要联系起来,逐步形成对远大理想和崇高目标的追求向往,把祖国建设的需要,转化为渴求读书的愿望,增强读优秀图书、掌握知识技能的责任感,使间接兴趣在阅读中占据应有的位置。只有读者产生的良好阅读动机与馆员推荐图书、辅导阅读有机结合,才能使读者的阅读兴趣持久并能巩固阅读成果。

(二)利用图书进行阅读指导

阅读指导要充分利用图书,宣传图书,才能使辅导工作深入,克服表面化、形式化的缺点。少儿图书馆的图书活动形式多样,但组织各种活动的结果,应该使图书宣传促进图书流通,让少年儿童通过读书和阅读辅导接受更大的教育,进而激发阅读兴趣,提高图书流通率。组织各种图书活动,应防止过分强调儿童兴趣,单纯组织与图书脱节的各种文艺活动。因其不能显示少儿图书馆与其他校外社会教育机构的区别,也不能顺利完成图书馆的教育任务。

(三)内容的广泛性、方法的多样性

为培养少年儿童成为德、智、体、美全面发展的人才,抓好基础

教育,需要在阅读内容和范围上启发读者具有广泛的读书兴趣。应对政治思想教育、文学艺术读物、通俗的科学技术书刊、适合儿童阅读的自然常识、历史故事、天文、气象、物理、化学、地理知识等各方面图书内容,都作广泛的宣传,指导阅读。还应根据不同的图书内容,创造性的运用多种多样形式,帮助少年儿童对学校的课程增强兴趣,努力学好功课,并引导他们深入学习,不断探求新知识,扩大眼界,拓展知识领域。

第四节 个别阅读指导

一、个别阅读指导的作用

（一）针对不同儿童的特点,"因材施教"

少年儿童由于社会生活、家庭环境、学习条件、个人性格、兴趣和能力等方面的差异,形成各自的不同特点。馆员不仅要善于掌握各年龄阶段儿童的共性,也要善于了解不同儿童的个性,并根据他们的不同兴趣、爱好和接受能力,采取不同的方法进行阅读指导,"因材施教",以充分调动他们的学习积极性、自觉性,发展他们的智力,提高他们的智力。

（二）及时扶植、发展处于萌芽状态的特殊兴趣和才能,促使儿童成才

少年儿童在知识积累、智能发展到一定阶段以后,往往会萌发出一种独特的爱好和才能的幼芽。但由于自身生活经验的局限,不能自觉地、有选择、有计划地、循序渐进地阅读有关的书籍。同时,他们的兴趣、萌芽状态的才能,常随外界条件的影响而起变化,如不及时地予以培养,就可能自然地泯灭。另外,"有些人往往只在某些方面或某一个方面有才华,而其他方面则一般,甚至有某些

缺陷。对这样的人才、苗子,我们稍一疏忽就出不来,就不能很好地成长。"①少儿图书馆员应通过个别的接触,深入了解每个读者的兴趣和爱好,尤其是处于萌芽状态的特殊兴趣和才能,在阅读内容上,给以及时地扶植,在阅读方法上,施以专门的教育,帮助他们制定由浅入深的阅读计划,丰富其知识,促使其特殊兴趣和才能得到充分的发展,逐步走向成才之路。

二、个别阅读指导的要求

(一)把广大儿童培养成才

个别阅读指导的对象不能仅限于为数甚少的优秀读者,而应面向广大的少年儿童,针对他们的不同特点,进行培育。培养一代"人才",不仅是指名人和专家,也包括工人、农民、战士……。名扬世界的科学家是人才,终身在田间、工厂默默无闻地为社会主义创造财富的合格的农民和工人同样是人才。这是因为儿童的智力水平是有差异的,各人所能达到的高度是不等的,不能强求一律。苏霍姆林斯基认为:"个人的素质、才能、天赋具有极大的多样性、诸因素结合的独特性,以及明显的个性特征。""不存在有天赋和无天赋、有才能和平凡无奇的孩子。所有的孩子都无不具有天赋和才能。"②要发现每个儿童的禀赋、兴趣、爱好与特长,进行正确的引导,并为他们的发展提供充分的条件,使他们树立起自信心和自尊感,在现在的学习和将来所从事的职业中,能进行创造性的劳动,做出优异的成绩,把这一代的儿童都培养成有用的人才。

(二)着眼于智能的开发和培养

发展智力比掌握一定的知识更重要。少年儿童是人的一生中

---

① 万里:《在全国教育工作会议上的讲话》,《人民日报》1985 年 5 月 18 日。
② 《瓦·阿·苏霍姆林斯基论智育》(苏)M. И. 穆欣编,王义高译,第 270 – 271 页,北京师范大学出版社,1985 年。

智能发展的最旺盛时期,在这个时期抓紧开发他们的智能,将取得事半功倍之效。在进行个别阅读指导过程中,不仅要帮助读者系统地、循序渐进地增长知识,而且要特别重视其智能的开发和培养,不断发展其观察、思维和想象力,以及能灵活运用知识的能力。同时,也要帮助他们掌握正确的阅读方法,从小培养他们写和记的习惯,通过写日记、观察日志、读书札记、分析笔记、写读后感等方式,把他们看到的、听到的事物,既能说出来,又能写下来,日积月累,思维就有了坚实的基础,也发展了智力,锻炼和培养了他们各方面的才能。

（三）重视培养儿童的情操、意志与性格

在进行个别阅读指导、传授知识的同时,要注意陶冶小读者热烈的情感,引导他们逐步认识到自己对社会应负的责任,树立为他人谋福利的人生观和热爱社会主义祖国的高尚情操和美德,从而产生发愤学习的巨大动力。

注意培养少年儿童读者具有为争取事业成功而斗争的坚韧不拔的毅力。任何科学技术的新创造,或从事一项新的事业,都会遇到来自各方面的阻力,一次成功往往是以无数次的失败为前提的,如果没有坚强的毅力,所从事的事业就有可能半途而废。意志的培养,需从儿童时代开始。在个别阅读指导中,要帮助读者克服和战胜学习上遇到的各种困难,使他们的意志力得到锻炼。

要培养少年儿童读者独立自主的性格和对科学真理的追求。中、外历史上许多著名的思想家、科学家和革命家,为追求真理遭受残酷的迫害,但绝不放弃自己的信仰。只有牢固树立了信仰的人,才能抵御名利的诱惑,经受各种困苦的磨难,抵挡反动势力的摧残。在个别阅读指导过程中,应用中外历史上的一些具体事例教育小读者,使他们树立为人类的进步事业、为共产主义理想奋斗不息的献身精神,促使一代新人健康成长。

三、个别阅读指导的方法

（一）填写读者阅读记录卡

读者阅读记录卡是了解、研究读者的主要文献。它记录了读者阅读的基本情况，阅读心理特点、特殊兴趣、才能的发展情况，并可据以进一步分析读者阅读的发展趋势，为有计划的进行阅读指导提供依据，它同时能反映阅读指导的实际效果，为探讨对广大读者开展个别阅读指导的工作规律，提供客观实际的参考资料。少儿图书馆（室）可在各类儿童中挑选一部分读者作为重点辅导对象，填写阅读记录卡片。

阅读记录卡的主要项目有：

1. 读者情况。姓名、性别、年龄、学校、年级，是否团员，健康情况、父母职业等。这些项目都是对少年儿童的阅读、产生的兴趣、爱好有一定影响的基本因素。

2. 阅读情况。借阅图书的名称、类别、作者；阅读动机、阅读心理和阅读倾向、效果等。从这部分记录中，（1）可分析读者对哪些图书感兴趣，爱读哪些类别、哪些主题的书，喜欢哪些作者的作品；（2）有助于分析读者比较固定的兴趣；（3）了解对读物的态度、阅读水平和理解能力。

3. 独立利用图书馆的能力。利用图书馆目录和各种书目参考资料的情况，提出借阅需求的原因等，这些可了解读者的自学能力。

4. 读者兴趣。在读过的图书中最喜欢哪些书籍；最爱读的报纸、杂志；在学校喜爱学习的课程；课余爱好、喜爱的广播、电视节目、参加校内外各种组织的情况等。这些有助于了解读者更广泛的活动领域、兴趣和爱好。

（二）进行推荐图书的谈话，指导阅读

馆员与读者进行推荐图书谈话的目的是：（1）帮助读者挑选

适合他们年龄、阅读兴趣、阅读能力的图书;(2)引起读者阅读图书的兴趣,帮助他们克服阅读上的困难,从而坚持把书读完;(3)提示阅读应达到的目的;(4)指出正确的阅读方法。

1. 对低年级读者推荐图书的谈话

低年级儿童初次到少儿图书馆进行读者登记,对他们来说是一件大事。从此,他们不仅要熟悉少儿图书馆、遵守各项规章制度,而且要独立地进行阅读,成为读者。低年级儿童由于缺乏读书经验,往往不能提出明确的阅读要求与缺乏选择图书的能力。对低年级读者推荐图书的谈话,一定要根据他们的心理特点,用有趣的图书吸引他们的注意力,采用多种多样的方法指导阅读,使他们读后能留下记忆,甚至会复述某些情节,并对阅读发生兴趣,进而自觉、主动地继续进行阅读活动。

2. 对中高年级读者推荐图书的谈话

中高年级读者具有一定的阅读基础,有更大的独立性,他们开始关心国家的政治文化生活,而且阅读兴趣广泛,求知欲旺盛,又爱好钻研科学技术问题,希望提高在学校所获得的知识,还表现出对某些科学技术知识比较稳定的兴趣。根据中高年级读者的这一发展变化,对他们的推荐图书的谈话,应了解他们的阅读动机、阅读能力和兴趣所在,以便准确地提供资料,满足他们的需求。对于在阅读过程中他们难于理解的一些问题,给以必要的辅导。当读者提出借阅不适合自己需要、内容深奥的图书时,应劝阻,并给他们推荐较为浅显的类似作品,防止他们养成阅读肤浅的毛病。有时,读者并未对图书提出明确的需求,馆员可通过谈话,了解他们的兴趣和水平,选择适合其阅读的书籍,并进行生动的介绍,以唤起他们了解和掌握新知识的兴趣和愿望,进而有目的地利用图书馆。推荐图书的谈话方式多种多样,但一定要注意勿妨碍读者发挥自己的主动性。谈话的态度要和蔼,循循善诱,务使读者理智地感到应该阅读某一本图书,自觉地阅读。

（三）进行读后谈话，巩固阅读成果

1. 对低年级读者进行读后的谈话

在小读者归还图书时，首先要检查他们是否把书读完，阅读态度是否认真，还要了解他们喜欢阅读哪些内容，不喜欢哪些以及读后的思想感受。

低年级读者第一次归还图书时，有些孩子常不能用自己的语言充分地表达思想，说不清故事的情节。要利用插图帮助他们掌握图书的主要内容，还可提出一些能掌握图书要领的问题，让他们回答，以巩固阅读的成果。

对低年级读者进行的读后谈话，起初要提一些具体的事实性的简单问题，才便于他们回答，并有兴趣继续和馆员交谈。之后，再渐渐按照儿童的发展程度，转到需要他们独立思考的问题。如让他们说明自己喜欢的主人公，谈谈对书籍的印象，甚至评论性的意见，进而引导他们作出应该学习什么的结论。经过这样不断的培养教育，使低年级小读者养成习惯，在阅读的过程中和归还图书时，主动地谈出自己的阅读感受，对读物中不明白的地方提出询问，以求得馆员的解释和帮助。对小读者提出的问题，应尽可能采用启发式，或作必要的提示，引导他们开动脑筋，求得答案，以不断提高他们的思维能力。

2. 对中高年级读者的读后谈话

中、高年级读者已掌握一定的阅读技巧，接受能力也已提高。交谈时应帮助他们把刚读过的图书和已有的知识结合起来，与生活、学习建立必要的联系，并能前后加以比较，帮助他们发展联想，建立新旧知识的联系，以巩固记忆，促进智力发展。

与读者进行读后谈话，要善于提出问题。一方面，提出的问题应带有探索性质，能够激发他们的认识兴趣，有助于他们积极地感知事物，促进其创造思维的发展。另方面，提问要适应图书特点。与中年级读者交谈通俗科学读物时，应尽量利用直观资料，从部分到一般,从具体的事实到比较抽象的概括,使读者易于认识事物的本质。与高年级读者的谈话则需要更多的注意图书的科学基础知识,了解作者的独特见解,力求加强他们探索社会和自然现象的积极性,引导他们创造性地利用获得的新知识,促使其思维能力的发展。

对文艺书籍则要从思想教育、文学教育角度着眼,引导读者了解实质问题。除分析作品的故事梗概、人物、语言、行为、历史背景、社会环境等以外,还应探索人物的心理、作者的创作意图,以加深对作品的理解。向中年级读者提问文艺读物描述的具体事实、个别细节时,应引导他们注意这部分细节所揭示的问题,及其对整个作品的影响,并想想自己对主人公和事保持何种态度,思想上得到什么启示,尽力使作品与读者的思想产生共鸣,发挥文艺作品的潜移默化的教育作用。与高年级读者的谈话,需引导读者关心作者的创作特色、写作技巧、人物的个性特点和表现手法、形象素描,使读者把读物的内容与周围生活、亲身观察的经验联系起来。还可向他们介绍报刊上的有关评论文章,以帮助他们深刻领会作品的思想性和艺术价值。

与读者进行的读后谈话是个别阅读指导的有效方法。但我国少儿读者众多、馆员少,不可能做大量的细致的个别阅读指导工作。为此,可确定对不同类型、不同情况的读者进行重点辅导,以探索规律,总结经验,进而做好对广大读者的阅读指导。

四、制定阅读计划

制定阅读计划是为了培养读者系统阅读的习惯,坚持长期读书。也便于馆员有目的、有计划的向读者进行个别指导,有系统的推荐图书,使读者的智力得到迅速发展。

制定阅读计划,向读者推荐图书,首先要求推荐的图书内容适合读者的智力发展水平。其次,图书的内容应有较高的智力价值。

阅读哪些图书有利于加强观察和记忆力;学习哪些知识能促进思维的锻炼或加速想象力的发展,需全面兼顾。再次,推荐的图书内容应有系统性。系统性的基本知识、基本概念和基本规律,逻辑性强,能用以加强逻辑思维,使知识迁移去解决其他问题,起到举一反三、闻一知十的功效。

此外,制定阅读计划还应考虑读者的兴趣和爱好,可以根据自愿原则,让读者自选图书,馆员按读者的特长等具体情况,结合学校的具体要求和安排,编制读书目录或专题书目,制定一个时期内的阅读计划。但需要根据读者阅读情况的变化,进行必要的调整。

读者根据阅读计划阅读,应要求他们选择一些图书写阅读笔记或读后感,在一定时期归纳总结。这既可使读者受到系统的教育,培养他们归纳总结的能力,又提高了他们自我评价的能力,从而培养了他们自觉地、深入地阅读图书的良好习惯。

第五节　集体阅读指导

一、集体阅读指导的意义

集体阅读指导是采用群众性的工作方法,普遍接触读者的形式,对少年儿童进行政治思想和知识教育。组织读者进行集体阅读的活动方式,不仅有利于培养读者的集体主义精神,而且能造成声势,便于宣传图书,对读者教育面广、影响大,是重要的阅读指导方法。读者在这些学习集体中,能互相讨论图书,充分发表自己的意见,并互相学习,互相启发,互相竞赛,鼓舞读书热情,提高思想,培养经常阅读的兴趣,以及勤于思考的良好读书风气。通过群众性的宣传图书、指导阅读活动,能帮助读者扩大知识面,更广泛地了解国内外的重要政治事件和科学技术、文学艺术的新成就。丰富的知识能发展读者的智力,增强读书兴趣,提高认识水平,并充分显示图书馆工作是学校教育的深入和发展。

集体阅读指导与个别阅读指导是两种各具特点、不同形式的阅读指导方式,两者相辅相成,互相补充,互相促进,能不断提高少儿图书馆的阅读指导水平。

二、集体阅读指导的要求

(一)解决好信息的变换和传输,掌握反馈信息,调整阅读指导的教育过程

图书馆的知识信息有两种最基本的形态——贮存和传输状态。书刊、杂志、录音、录像磁带、幻灯片、电影胶片等知识媒体,以及教育者头脑中的知识,包括各种技能,都是一种贮存状态的知识信息。各种知识是不同知识信息的集合。图书宣传、阅读指导的过程,是将图书等知识媒体或馆员头脑中的知识,通过传输变成为读者头脑中的知识,就实现了知识信息的传递过程。为使集体阅读指导取得良好的效果,需解决好信息变换的技巧和信息传输的状况。馆员应根据宣传内容的特点与读者的具体情况,设计如何揭示图书的方法,将贮存状态的知识重新组合,变换成传输状态的信息而输出。

在少儿图书馆的各项活动中,读者总是用视觉、听觉和触觉接受信息的。用视觉的机会虽然最多,效果好,但总不如综合传输的效果好。为此,除口头和文字的图书宣传方式外,应利用各种图表、画片、幻灯、录音或模型、实物等进行综合性的信息传输,以求得最佳的宣传效果。

为使读者有效的输入知识,馆员应对集体阅读指导的教育过程进行调控。其原则是使教育者、读者与知识三者都处于动态平衡之中,始终保持信息流的输通,使读者的有效输入大幅度增加。这就要求宣传、推荐和评论的图书内容、活动形式和读者的接受能

力、阅读心理特点相适应。这是集体阅读指导取得成功的先决条件。

馆员应随时注意来自读者的反馈信息。在各种形式的集会上,从读者注意力集中的程度、表情、眼神和动作所传递的一般反馈信息中,可了解读者是否听得津津有味,是否能很好地理解宣传的内容,而通过图书讨论会、座谈会、书评会等形式,则能得到高级反馈回路,了解读者对图书的领会程度、对知识的消化、吸收状况与对读物的评论意见等,根据这些反馈信息不断调整阅读指导的方法。此外,平时,也要注意搜集读者的阅读情况与效果,不断研究改进阅读指导的方法,定期总结,以使集体阅读指导坚持教育的连贯性,深入、持久地开展下去,获得理想的效果。

(二)坚持及时性、针对性与新颖性原则

及时性,就是对少年儿童宣传图书、指导阅读要适时、尽早。它要求馆员对党的方针政策、教育要求有深刻的理解,并结合读者的思想实际进行及时的宣传,发挥积极的指导作用。如配合全国开展的"五讲四美"、"三热爱"教育,对青少年进行的法制、纪律教育,结合重大节日和伟人纪念日举办的图书展览、图书评介会、报告会和各种读书活动,就及时地使全党、全社会的教育任务对少年儿童产生强烈的影响。

针对性就是有的放矢。(1)针对少年儿童的特点、各年龄阶段读者的不同需要开展工作。(2)读者的思想问题在德、智、体、美等各方面,在图书馆、学校和家庭都会有反映。应针对有代表性的思想,开展群众性的图书活动,使图书宣传产生明显的教育效果。(3)针对读者在阅读习惯、阅读倾向、兴趣、爱好方面普遍存在的问题,采用群众性的图书宣传方式进行教育。(4)针对具体的教育任务和图书本身的特点,选择适宜的群众性活动方式,使图书内容充分揭示,为读者接受教育创造有利条件。如为对读者进行职业教育,可组织读者与各种工作岗位上的模范人物的见面会。

新颖性即不断地创新。集体阅读指导不应千篇一律,应在活动的内容和方法上经常有所创新,促使教育质量不断提高。这要求馆员发挥工作积极性,努力追求新的目标,并调动广大读者的独立性和创造精神来参加读书活动,以使集体阅读指导达到预期的教育效果。

(三)加强与社会的协作与联系

1. 与学校加强联系

馆员应了解本学年的教育、教学任务、各年级课程的进度、讲授方法以及学生的学习概况,以便及时、有针对性地宣传、推荐图书,辅导阅读与课程有关的书籍,并根据教学计划,向学生提供参考书、推荐书目,组织图书展览与专题讲座等读书活动,使集体阅读指导与课堂教学结合,既体现少儿图书馆对学校教育的延伸和补充,又发挥了培养少年儿童智能的独特作用。

从目前我国少儿图书馆(室)的实际情况来看,声势浩大地组织少年儿童到图书馆参加各种群众性活动,常受到人员、场地、设备等条件限制,有一定的困难。但如能将活动的阵地移到各个学校去,就能扬长避短,解决实际问题。

2. 争取社会各部门的支持与配合

少儿图书馆(室)经常与教育部门、共青团、出版社、电台等单位联合举办大型读书活动。这种活动方式,声势浩大,对少年儿童教育面广。如"红领巾读书读报奖章"活动,就吸引了千百万中小学生参加,对于少年儿童树立远大革命理想,丰富科学文化知识,培养读书兴趣,有很大的促进作用,并能取得积极的教育成果。在这类读书活动中,很多组织工作,则需少儿图书馆(室)具体负责。

少儿图书馆(室)组织的各种形式的辅导活动,也需聘请学校教师、少先队辅导员、文学艺术和科技部门的专业人员、专家对小读者进行指导、讲课或作报告,即不仅在人力上需要各单位的支援,在物力、财力上也需尽量争取各机关、团体的资助。为取得社会各部门的支持与配合,既要馆员主动联系,积极宣传,引起社会各界的重视,更要馆员努力工作,做出成绩,扩大影响。只有动员全社会的力量共同关心少年儿童的健康成长,重视他们的读书问题,才能更好地促使少年儿童图书馆(室)的集体阅读指导工作广泛、深入、持久地开展下去。

三、集体阅读指导的方法

(一)直观形式的图书宣传、阅读指导活动

1. 视听资料

即声像资料,包括幻灯片、电影胶片、录音带、唱片、录像带等等。因为视听资料适合少年儿童好动、好奇、持久性差、思想活跃、容易接受具体形象教育等特点,所以深受欢迎,并取得良好的宣传效果。

视听资料的积极作用是:

(1)视听资料能生动形象地叙述故事内容,宣传科学知识,新颖、活泼、趣味性强,能吸引少年儿童的注意,激发其阅读图书的兴趣,调动其学习的积极性。又因它以多样化的信息作用于读者的多种感官,能提高其识记成效。如能边看、边听、边问、边想,常能收到最佳的阅读效果。

(2)少年儿童所要掌握的书本知识,都是他人的实践经验和总结。视听资料能直观形象地再现客观事物现象,展示大量的感性材料,可使读者观察到平时无法观察的现象,从而获得丰富的感性认识。再引导他们把感性材料与书本知识联系起来,就能把握事物的本质和规律,使感性认识上升为理性认识。这不仅能帮助学生学习知识,发展智力,还能促使其真正理解和掌握抽象的科学文化知识。

(3)视听资料可反复播放宣传的内容,甚至可慢速播放,能照顾个别差异,帮助读者仔细弄懂细节。少儿图书馆(室)还可将报告会、座谈会、讲座、诗歌朗诵会、故事会等活动内容录音、录像，将其送到基层学校、街道以及农村播放。这既不受图书馆场地、读者人数的限制，也能向城乡广大少年儿童扩大宣传，进行教育。

2. 图书展览

它是少儿图书馆（室）普遍运用的有效的宣传图书形式，也是图书直观宣传的重要方法。少儿图书馆（室）利用各种形式的图书展览，向读者展示新的出版物、推荐优秀的书刊，可吸引他们在总题目下按照一定顺序进行系统的阅读，并明确阅读的目的。

（1）图书展览的类型

甲、新书展览。及时向少年儿童展示新到馆的书刊，使他们养成经常关心馆藏新书及出版新动态的习惯，以扩大他们的知识视野，启发其新的求知欲。

乙、主题展览。它是根据对少年儿童进行形势教育、帮助学生研究基础科学及配合学校课程学习等方面的任务而确定的。大型的主题展览会可从各个方面向中小学生推荐某一主题的书刊，使读者获得全面、系统的知识。如配合政治思想和道德品质教育的《热爱社会主义祖国》、《从小学雷锋》图书展览；配合学校课程学习的《物理世界》、《神秘的化学》图书展览等。选择展览的主题应广泛，以期扩大学生的知识视野，提高其对各类书刊的阅读兴趣。

丙、某种体裁的作品展览。为使少年儿童广泛接触各种体裁的作品，可组织专门的如童话、诗歌、寓言等书籍展览，以便有目的进行辅导。

丁、某个作者的作品展览。为系统揭示馆藏中某一作者的著作，引导小读者熟悉不同作家的特点，进而培养其对各种学科知识的兴趣。如《纪念鲁迅诞生一百周年图书展览》、《高士其科普读物展览》等。

（2）材料的组织与编排

甲、举办图书展览要挑选思想性强、有艺术价值、适合一定年龄读者阅读的图书,还可适当利用报纸、杂志上的有关文章、图片、推荐书目、宣传画以及实物加以补充,或摘录图书中的精彩段落,进行展示,以增强感性认识。

乙、编排要简单醒目,中心突出。安排的材料尽可能由简到繁,由近及远,由熟悉的到生疏的。阐明历史主题的展览,应按年代顺序排列图书。送展图书的封面,除考虑内容外,应尽量选用封面图案鲜明的书籍。它对儿童有一定的吸引力,有利于向读者推荐图书,扩大展览效果。

丙、说明展览主题思想、整个结构的文字,应力求精练有趣,富有鼓动性和吸引力。布置展览时还可适当运用各种图案与色彩,以使展览鲜丽、明快,吸引更多的孩子。

丁、展览的目的可通过引用名人语录予以说明,或每一部分安排小标题,使展览本身与小读者"谈话",易于为其理解。小标题还可采用对比、提问或猜谜的方式。

（3）图书展览的讲解

配合展览,向少年儿童进行讲解,是宣传、推荐图书的好方法。尤其大型的图书展览会更有必要说明展览的目的要求、主题思想、材料的编排和结构,并评价有趣的图书。对幼龄小朋友、中低年级的学生讲解展览的内容十分重要。因为这些孩子在短时间内浏览大量的书籍,比高年级学生困难。

3.图片展览

它灵活简便,教育面广。组织图片展览的要求:

（1）内容要结合实际,围绕主题思想选择图片。

（2）体现明确的教育目的性。

（3）小型的图片展览可灵活组织、形式多样。如《科学之窗》、《自然园地》、《动物世界》等。还可把各种各样的材料,如图片、图书、报刊上的文章,名画、书刊介绍等结合一起展出,并写出文字说明。读者看过各种材料及文字说明了解到还有许多图书及文章需要阅读及参考,常能激发他们的学习兴趣。

（二）语言形式的图书宣传、阅读指导活动

1. 黑板报、专栏、刊物

这些既可登载少儿图书馆编写的图书介绍、推荐书目和书评文章等辅导资料,又可向少年儿童广泛征稿,发表他们的书刊评介文章、阅读心得、体会、笔记等,总结与交流读书的经验。散文、诗歌……征答、图画等各种形式均可。还可报道少儿图书馆（室）的活动情况,反映小读者对图书馆的批评或建议,以及图书馆对读者的要求等。另外,可发动群众创办阅读辅导刊物,向馆内外的学生散发,开展课外辅导。这些不仅是少儿图书馆（室）对广大少年儿童推荐图书、指导阅读的工具,也是少儿图书馆与读者密切联系的桥梁。

2. 图书评介会

它是口头宣传、评论、介绍图书的一种形式。一般是配合中心任务、推荐某些主题的优秀读物;配合学校教学计划,推荐一些课外辅助读物;推荐新书、介绍图书展览及图书宣传画上推荐的书籍。评介图书活动可在馆内组织,也可到学校团队的会议上或各种儿童集会上去进行。总之,利用一切机会、见缝插针,想方设法把图书推荐给读者。

（1）图书评介会的形式

前言、片断介绍:说明作者写作的目的和图书的重点内容。

提要介绍:宣传图书的基本内容,启发读者阅读图书。

选取精彩的章节作专门的介绍。

效能介绍:由读过本书的读者谈自己的收获、所受到的教育以及最喜欢阅读的那部分内容,也可由馆员或知名人士介绍。

作者介绍:主要是向高年级读者介绍作者的思想品德、生平、创作道路、作品的艺术价值、学术水平以及作者所取得的成就。此外,还可提供图书情报,包括图书目录、新书介绍,配合节日和国内外瞩目的重大事件推荐有关的书目。

（2）评介图书的要求

甲、评介方式宜多样。如介绍故事的梗概，宣传主题思想，介绍作品的时代背景和作者的写作技巧，或朗诵片断内容，介绍报刊上的书评文章等。

乙、掌握评介的技巧。如向少年儿童评介图书和讲述故事内容时，一般只需介绍中心思想，或朗诵精彩的片断，或讲到关键处就停下，让读者感到需要自己接着再读，去继续寻找答案。

丙、向读者提出问题或要求，使他们在阅读中积极思考，寻找正确的结论，可避免阅读时出现的浮皮潦草现象。

丁、馆员也要不断地熟悉馆藏，才能做好图书的宣传、评介工作。

3. 文艺集会

这是为纪念日或宣传社会政治生活中的重要事件以及结合学习任务而组织的读者集会，往往采用读者化妆表演的形式，富有情感地再现读物的内容。集会常采用猜谜、游戏的方式进行。如提出谁能把同一作者的作品举得最多；谁能记得某诗篇的下段；根据一段故事情节猜作者的姓名、作品的名称；从某篇小说、叙事诗的部分内容猜主人公是谁等等。猜谜活动可锻炼少年儿童坚强的意志和独立思考的能力，有助于逻辑思维的发展。谜语的形式多种多样，可采用读者自编的谜语，这会使孩子们感到新鲜有趣。这种读书竞赛式的文艺集会，能帮助读者更牢固地记住作品的内容，激励他们不断地进取。

与此相类似，苏联的少年儿童图书馆往往采用口头杂志的形式。在集会上，一边翻开特制的杂志篇页，一边由读者向广大少年儿童作图书介绍或阅读汇报，如陈述读书感想、朗诵图书片断、进行化妆表演……口头杂志的内容，可以有政论性的社论，有文艺作品：诗歌、散文、幽默、科学文艺……以及推荐书目与评论文章等等。这可把各种类别、多种主题与不同体裁的读物综合在一起,向读者宣传、推荐。

组织文艺集会应注意:(1)主持者需说明活动的目的与要求,集会进行中,始终突出活动的中心议题,以引导读者共同追求预定的教育目标。(2)集会的各种活动应以读者为主体,以发挥他们的积极性与主动性,取得良好的教育效果。

4.图书讨论会

图书讨论会也称读者座谈会。这是培养儿童阅读图书时善于思考,并通过读者集体共同寻求答案的一种读书方法。它可帮助读者深刻理解图书的思想内容,培养他们能在集体中发表自己的意见及提高对书籍的评介能力。这种方法适用于小学高年级及初中学生。但选择讨论的图书,一定要考虑少年儿童的年龄特点、理解能力、艺术欣赏水平,并照顾不同年龄的需求。

(1)图书讨论会的类型

它有许多类型。可对一本书或围绕一个主题对几本书进行讨论,除文艺书籍外,通俗的政治思想读物、科学技术书,历史故事、地理、美术、音乐等书刊都可评论。评论的形式也多种多样,但主要是进行口头讨论,如宣读读后感;从讨论的作品中及从主题相近的作品中选取片断朗诵;还可采用讲故事、朗诵诗歌等与讨论发言交替进行,甚至可用快板、对口词及画图画等形式表示对图书的意见。

(2)拟定讨论的题目

讨论的题目是讨论会能否展开讨论以及能否成功的关键。一般来讲提出讨论的问题应是:甲、读物中的疑点;乙、读物的"画龙点睛"处;丙、读物中的含蓄的内容;丁、读物中的潜在联系。这些问题能把读者的注意力引向深入地理解作品的内容。对文艺书籍的讨论,应着重揭示图书的主题思想,对主人公道德形成、性格的成长有重要意义的事件展开讨论,而不要侧重于具体的内容或从抽象的伦理性叙述来讨论。

（3）组织讨论

讨论之前，读者应做好准备，并抱着学习和提高的愿望参加。讨论会上，读者可自由地发表自己的见解，可互相提问，互相切磋，互相答疑。有的图书，读者有不同的看法，可开展辩论。辩论中，应要求读者善于表达自己的意见，认真听取别人的论点。通过辩论达到共同提高认识水平和分析问题的能力。但有些读者不善于多方面地、多通道地思考问题，馆员应有意识的加以引导，帮助他们扩展思路，学会辩证地看问题。

5. 讲座、报告会

这是有计划、有目的地向少年儿童进行系统的思想、知识教育的形式。即通过系统的介绍和专题报告，使少年儿童获得某一方面的系统知识，以帮助他们提高思想认识、阅读水平、开拓知识视野与增长读书兴趣。

经常举办的讲座和报告会有：

（1）各种知识门类的讲座。计算机、航天技术、遗传工程等普及性的知识；天文、地理、地质、书法、绘画、音乐欣赏等方面的知识，都可组织系统的或专题讲座，用以配合学校的课程，充实和丰富课堂知识，并使少年儿童了解新的文化、科学技术的发展动态和趋向，激发他们迫切要求探索的志趣。

（2）英雄模范人物事迹报告会。它是以英雄模范人物的事迹对少年儿童进行思想品德教育。历经艰险的老红军、浴血奋战的战斗英雄、舍身救人的爱民模范和各个工作岗位上先进人物的光辉业绩，为少年儿童树立了活生生的学习榜样，进而激励他们模仿英雄模范人物的思想行为。如能与英雄模范人物见面，直接聆听他们的教诲和鼓励，会使少年儿童受到更大鼓舞和鞭策。

（3）科学家、技术革新能手事迹报告会。介绍科学家、技术革新能手刻苦学习、努力钻研、克服重重困难，在科学技术上取得优异成绩，为祖国、为人类幸福作出重大贡献的事例，能激发少年儿童爱科学、学科学、用科学的热情，并产生为学好科学技术而战胜困难的信心和勇气。

（4）和作家见面会、作家报告会。作家可系统地介绍自己的作品、解答读者提出的问题，有助于少年儿童了解作家的创作意图、作品构思的经过、材料的来源、人物的原型……以及掌握主人公的性格特征和作品的主题思想。同时，可向作家提出自己的意见和要求，沟通作家和读者的思想。它对培养少年儿童的读书兴趣有独特的作用。

（5）小读者报告会。这是利用儿童的典型教育儿童的有效方法，特别是在阅读、写作、绘画……获得国内外奖励的典型，以现身说法方式，向同伴介绍自己的读书经验和体会，会使读者感到学有榜样，倍加亲切。

举办讲座、报告会的要求：

（1）邀请有较高思想水平、文化修养及学有所长和具有丰富经验的主讲人，同时应帮助他们了解少年儿童的思想情况、心理特点与特殊要求，务使报告适合少年儿童的实际情况与需要。

（2）介绍各类先进人物的事迹，要与分析他们的闪光思想结合，从他们的模范行动中分析他们崇高的精神境界，揭示其道德行为的动机。这会使少年儿童明了为什么需要这样做的道理，进而转化为内在的需要，成为推动他们进步的动力。

（3）让读者明确活动的目的和意义。读者对活动的目的和意义越清楚，内心体验越深，趣味越浓，需要越迫切。应在举行活动之前，做好宣传工作，如公布消息，发通知，以引起孩子们的关注。而让读者布置讲座或报告会场、印发推荐书目、阅读有关的参考资料，使他们认清活动的目的和意义，更会引起他们参加活动的兴趣，并集中注意听讲座或报告，接受思想教育，吸取有益的知识。

6.故事会、朗诵会

它是少儿图书馆(室)经常采用的群众性读书活动方式。人的情感在一定条件下,可以互相感染、影响。通过故事员、朗诵者带有情感色彩的语言、声调、节奏、速度、恰如其分的表情、姿势与动作,生动逼真的把人物、事件和自然景色展现在读者眼前,以艺术形象叩击他们的心扉,能激起他们感情上的共鸣,促使他们产生阅读图书的强烈愿望,加深对图书的理解,提高文艺欣赏力。对中低年级读者,可使他们更好地了解作品的全貌,理解在自己阅读时感到难懂的地方。而对高年级与少年读者,则能更好地掌握图书的思想内容,进一步了解作品的语言风格与文字技巧。

组织故事会、朗诵会的要求:

(1)选择富有情感与戏剧性较强的读物。对于幼龄的小朋友则要选内容不太复杂、人物活动较少、轮廓清楚、结构简明的作品。

(2)要求朗诵者、故事员准确地理解作品的主题思想,深刻了解人物的性格,对故事情节有明晰的视像,对艺术特色有独到的见解,并把握人物的情感脉络。

(3)掌握各种文体的特点。

(4)广泛吸引读者参加。少年儿童不仅愿意听,也喜欢自己去讲、去朗诵,应给他们实践的机会。假如由少年儿童朗诵、讲故事时,应帮助他们抓住故事的中心思想,把作品的原意表达清楚。如压缩故事内容时,应勿失掉作品的完整性。有的小朋友不能确切地表达主题思想,可在讲完以后,帮助他们总结,弄清作品的主题、时代背景,并提出有关的问题,帮助他们加深理解作品的内容。为使更多读者参加这一活动,可先让一人讲故事或朗诵,另一人谈体会,使他们都有锻炼的机会。

7. 读书旅行

这是一种适合儿童心理、生动活泼、新颖有趣的图书宣传、阅读指导活动。可围绕一个中心问题或综合几个主题的内容组织读书旅行。如家乡旅行。活动前,要求读者按推荐书目阅读一组图书,再"旅行"。引导者可围绕地球仪或大型地图上标明的路线,沿途组织读者开展活动。低年级读者,可制作飞机等模型,让他们乘"飞机"、坐"火车"周游世界各国。还可组织实地旅行,如少年夏令营旅行读书团、祖国名胜读书活动等。这种活动,能促使读者对历史、地理等各学科知识记得更牢,阅读兴趣更浓,并进一步激发其热爱祖国的热情。

组织读书旅行的要求:

(1)"旅行"的历程,是少年儿童认识世界的通道。应有计划的组织和安排,使读者获得的知识更系统,内容更丰富。

(2)旅途活动中采用的方法,应形式多样,不拘一格。如讲述、表演与直观资料相结合,或配合幻灯演示、宣传新书的内容;有时播放录音,让读者欣赏民族音乐的独特风格,或放录像,或引导大家猜科学谜语等等,尽量使参加者的听、看、想、做等活动有机地结合起来。

(3)宣传图书内容时,可同时把图书的模型与展览的图书、插图展现给读者,并揭示需重点介绍的内容。

8.阅读成果交流会

它是检阅读者阅读成绩的群众性图书活动,既能总结阅读的成绩,又能进一步发挥读者的聪明才智和创造性。会上,可把读者利用所学知识栽培的花果、饲养的动物、制作的实物和模型,如半导体收音机、电视机、潜水艇、宇宙火箭……画的图画、写的字、创作的诗歌、童话等等,连同图书一起,拿到会上展览。由阅读成绩比较显著或进步较快的读者介绍读书的收获与体会。中学生还可利用《少年物理学家年会》、《少年化学家年会》、《南极科学考察见闻》等形式举办,并可由少年儿童作各种主题的科学报告。

阅读成果交流会的另一种形式是分析阅读情况的读者会议。苏联少年儿童图书馆对这项工作做得比较细致。会前,馆员对每个读者在一定时期内的阅读情况进行分析,写出鉴定,并邀请读者家长、老师、班主任参加会议。开会期间,展出读者的阅读日记、阅读笔记、书评、读后感、创作的作品、优秀词句摘抄、图画等等。会上,由馆员介绍读者的阅读情况,指出成绩与怎样克服缺点、提高阅读水平。还有学习成绩优秀和双差生等不同情况的读者汇报自己的阅读收获与体会。这样,可使读者了解自己的进步和存在的问题,也可使家长、教师协助图书馆加强对读者的阅读指导。

组织阅读成果交流会需注意的问题

(1)少儿图书馆(室)只能为少年儿童进行课外小发明、小创造、小改革提供馆藏的各种书刊资料;能为他们开辟宣传、阅读、传递科技信息的阵地;只能利用馆藏书刊上的知识为读者传授科学知识与创作的技巧和方法,帮助读者实践。

(2)总结阅读成果应以读者原有阅读水平为基础进行比较,才能鼓励读者的点滴进步,树立进取的信心。

9. 竞赛评比活动

其目的是促进少年儿童坚持认真读书,掀起群众性的读书热潮,吸引更多儿童参加这一活动。经常举办的竞赛评比活动有:

(1)作文比赛。阅读是接受别人构思后的制成品,而写作则要经过自己头脑的构思去制作成品,因而从写作成绩能检查阅读效果。通过作文比赛能提高中小学生的写作能力与技巧,并促进他们阅读书籍的兴趣。

(2)朗读、讲故事、演讲比赛。朗读、讲故事是对作品进行的艺术再创造,即要正确的掌握作品的主题思想、人物的思想感情,并绘形、绘声、生动地再现人物、情节、场景,给听众以美的享受和感染。演讲则是思想感情的直接表达,需具有一定的素质、素养,掌握演讲的方法与技巧,并具有鼓动性与号召力。通过上述形式的比赛,能使读者掌握一定的技能与技巧,而且能深入领会图书的内容。

(3)智力竞赛。它是利用综合性的知识,促进少年儿童积极思维的智力活动,能引起他们的兴趣。这种竞赛,能使小读者运用自己的智慧,对比较疑难的问题,通过迅速的分析、综合、概括等思维活动,得出正确的结论。他们克服的困难越多、越大,参加竞赛与读书的积极性就越高,其知识与智力水平也会相应的提高。

组织竞赛评比活动的要求:

(1)各种竞赛活动能促进读者的课外阅读兴趣,培养高尚的情操,但却需要社会各界给予必要的支持。

(2)少儿图书馆(室)组织社会各界人士进行评选,对优胜者给予适度的精神、物质奖励,并应指出他们的努力方向。

(3)利用少年儿童的典型和取得的成果来教育其他儿童。如把获奖文章,甚至包括老师的评语以及演讲稿编印成册,发给广大读者,不仅是对某些儿童的鼓励和鞭策,也给广大读者指出了学习和提高的途径。

10. 阅读兴趣小组

少年儿童随着知识的增长和各种因素的影响,他们的兴趣会逐渐产生选择和分化,或者更爱某些学科。馆员应按知识的性质将读者编成兴趣小组,予以重点辅导。对有特殊兴趣与爱好的读者,还可定向培养。其目的是总结经验、掌握规律,以便更广泛地开展群众性的阅读指导。它有以下各种类型:

(1)文学小组。它是以培养读者对文学书刊的兴趣为目的。活动内容为:组织阅读;由辅导老师分析讲解各种体裁的文学作品与写作基础知识;写读后感、读书笔记,进行讲评、修改;在一定时期,如学期结束后,组织读书心得、阅读方法的大会交流,进行奖评,以巩固阅读成果,进一步扩大阅读指导的范围。

(2)科技小组。其目的是进一步激发少年儿童阅读和学习科技知识的兴趣。如组织阅读科技知识普及读物;开设专题讲座;报告科学家的发明创造;组织科学讨论会;写观察实验报告、科技活动札记和科学小论文;参加部分科技疑难问题的征答;组织出版

《小科迷园地》专栏等，还可辅导读者利用书刊上的资料进行实践、制作和创造。如法国少年儿童图书馆让读者利用废旧材料制作童话中的巨人、史前期的动物等，定期展出。这些活动有助于激发儿童的想象力，把书本上的知识变成形象生动的实物，促进智力发展。

（3）木偶小组。在工作人员的辅导下，制作各种各样的木偶，将童话故事或儿童作家的作品编成木偶戏，进行表演。读者在设计、塑造木偶形象时，能发挥创造性的想象，并通过艺术形式表达思想感情。东欧各国、我国部分少儿图书馆都采用这种形式进行图书宣传、阅读辅导。

（4）美术小组。它是利用馆藏各类美术杂志、画册、美术欣赏、绘画技巧方面的普及读物开展阅读指导活动。如举办美术讲座，介绍中国及世界各国美术发展史；介绍我国著名的画家及其代表作品；开设美术欣赏课等等，并作适当的练习、创作，为培养美术人才打下基础。

（5）书法小组。利用馆藏各种书法碑帖、书法艺术的资料向读者介绍祖国书法艺术的发展史；文字的产生、发展和演变；篆、隶、草、行和楷书的特点、历史著名书法家及其流派，也可进行书写练习及开展书法比赛。

有条件的少儿图书馆可组织计算机小组，传授硬件、软件、计算知识，辅导他们学习程序的编制和掌握微机的应用技术。

兴趣小组的学科门类很多，数学、物理、化学、外语、动植物、天文、地质……都可组织，应根据各馆条件、读者情况，合理安排，并制定科学的计划，使小组长期坚持，经常开展活动。

组织各种兴趣小组的要求：

（1）各兴趣小组应充分利用馆藏资料开展活动，使馆内教育和校内教育结合，课内教学为课外阅读提供依据，课外阅读又为课内学习提高打好基础。可避免相互牵制，减轻学生负担，起到互补、促进作用。

（2）把阅读与生活联系起来，让读者在生活实际中读书，加强对图书的理解，又通过读书提高对生活的认识，学会观察生活、热爱生活，并要理论联系实际，勇于实践，具有创造的志向。

3.把读书与提高能力结合起来，促进读者各种能力的发展。如让绘画、书写爱好者帮图书馆绘制宣传画、办墙报、黑板报等。

第六节　特殊儿童的阅读指导

一、特殊儿童阅读指导的意义

特殊儿童包括禀赋特异的儿童，即生理上、心理上具有优越条件的超常儿童和心理上、生理上存在不同程度障碍的低常儿童，也包括身体有明显缺陷的聋哑等儿童以及行为品格异常难以管教的儿童。少儿图书馆在可能的条件下，都应对他们加以关照。力求超常儿童迅速成长，低常儿童、残疾儿童有受教育的机会，而对难以管教儿童的争取和教育，则可改变社会的道德风尚。少儿图书馆通过对特殊儿童的阅读指导，可探讨特殊儿童的心理特点和对他们进行教育的规律。

二、特殊儿童的阅读指导

（一）超常儿童的阅读指导

超常儿童是指其智能发展大大超过同年龄水平的儿童。首先，他们的观察力往往相当敏锐，全面、细致而准确；注意力经常很稳定、集中而善于分配；记得快、记得多、记得牢，回忆迅速而准确；想象力丰富，带有独创性。尤其思维比较广阔、深刻而灵活，善于分析、概括，解决问题的能力强。其次，他们对心智活动具有特殊的积极态度,求知欲强。再次,在技术创造、艺术表演、体育技能等方面的才能也有较早的突出表现。[①] 此外,超常儿童在阅读方面也与一般儿童有差别。国外有人将其特点概括为:有早期(通常是学前阶段)阅读的能力;有强烈的好奇心,并有追求问题解答的高度热情;是一个快速的读者,其词汇的质和量都比同年龄儿童优越;对广泛的主题有阅读兴趣,经常有效地利用图书馆。[②] 据此,少儿图书馆可对超常儿童加强阅读指导。

1. 严格要求、早期培养

超常儿童的聪明才智,往往会在特殊的兴趣和爱好中表现出来。馆员可通过各种兴趣小组与加强个别阅读指导的方式,早期发现,精心培养。而要成才,还需个人的勤奋。应严格要求,为他们创设良好的环境,提供方便的条件,根据其实际水平推荐图书,辅导阅读,发掘其聪明才智,使其内在的潜力充分发挥出来。

2. 开阔眼界、活跃思想

对超常儿童的辅导,不能仅限于借阅图书,而应有意识地利用各种知识讲座、组织参观访问,给予他们更多的机会观察自然、观察社会,结合实际进行学习。眼界扩大了,就能增强其好奇心和观察力,进而会提出阅读更多书刊的要求。阅读辅导,要发挥他们思想活跃的长处,鼓励他们对读物内容多作分析,引导他们深入地思考问题,提高他们的抽象和概括能力,并用已有的知识分析解决实际问题,以培养其思维的灵活性,为发展其创造力打下良好的基础。

3. 加强自学、增大难度

超常儿童常感到学校的功课比较容易,少儿图书馆(室)可为

---

① 潘菽主编:《教育心理学》第 422－423 页,人民教育出版社,1980 年。

② 查子秀:《国外天才儿童研究和教育的一些情况》、《儿童心理与教育心理》,1980 年,第 1 期。

他们提供必要的学习参考资料,鼓励他们在循序渐进的原则下,自学更深的课程内容。经过辅导,其自学能力会不断提高。少儿图书馆(室)在举办智力竞赛和兴趣小组活动时,需增加些难题和复杂的问题,引导其解答,可保持其长期的读书积极性,提高学习效果。

4. 鼓励、发扬其独创精神

超常儿童的能力往往是在各项活动中发展和表露的,会从参考阅读的书刊资料中得到启示,从而去尝试进行文学艺术创作、科学技术的实践、制作等活动。应鼓励他们的大胆探索精神,支持与发扬他们的创新思想,并帮助他们总结经验与教训,增强他们继续从事独立活动的信心和积极性。

(二)低常儿童的阅读指导

低常儿童是智力发展水平低于同年龄的儿童,也称智能落后儿童。其特点是知觉速度缓慢,范围狭窄,内容贫乏笼统;记得慢、保持差,回忆困难,而且常发生错误,缺乏意义识记能力;言语发展迟缓,词汇贫乏,意义含糊,言语缺乏连贯性;不善于比较,抽象概括尤其困难,因而不能正确的认识事物的本质和内部联系;有意注意很差,很难集中注意进行学习①。少儿图书馆(室)应在可能条件下,设法吸引低常儿童看书识字、提高阅读能力。

1. 不厌其烦,耐心辅导

低常儿童主要是脑功能受损,因而在阅读中记忆、思维和语言的表达能力等均较差。辅导低常儿童主要是灌输正面的知识,帮助其树立正确的观念,训练他们的语言技能和叙述表达的能力,并注意防止急躁情绪,不厌其烦,耐心辅导。只要他们多识一个字,多记一个数的概念,多懂一件事,就与正常儿童缩短一点细微的差别,就是一种进步。

---

① 潘菽主编:《教育心理学》,第 429 页,人民教育出版社,1980 年。

2. 利用多种感觉功能,促进识记

应尽量利用低常儿童的听觉、视觉、触觉、运动觉等多功能的作用,达到巩固已有知识并吸收新知识的目的。如利用视听资料配合阅读辅导,或把阅读教育与多样化的实践活动及劳动联系起来。英国少年儿童图书馆工作者把低常儿童组织起来,一边进行手工编织之类力所能及的劳动,一边教他们识字、阅读图书,可使他们的思维能力得到明显改善,促进识记。

3. 树立信心,克服自卑感

低常儿童在个性上,比正常儿童更易沮丧,常和成人对立,怀有紧张情绪,并且感到压抑,缺乏自信。馆员应与他们建立亲切友好的关系,取得他们的信任。对他们的某些乖张行为和举动予以谅解,使他们相信自己和别人是平等的,还要经常鼓励他们的点滴进步,克服他们的自卑感,增强信心,努力争取进步。

4. 多方配合,进行教育

首先要做好低常儿童周围人的工作,对低常儿童不歧视、侮辱和作弄,尊重他们的人格,给他们以关心和帮助。其次,教育广大读者同情他们,对他们的幼稚行为和低下的阅读水平不要取笑。再次,馆员为家长和教师提供教育他们的书刊和方法,并共同分析他们的各方面能力和发展的可能性,确定发展他们智力的目标,帮助他们掌握某种知识与技能。

(三)病残儿童的阅读指导

生理上有残疾的儿童,智力不一定低下,不等于低常儿童,应尽力鼓励他们读书,怀有一技之长。

1. 克服困难,自强不息

因病伤致残的儿童,心理上常有孤独感与悲观情绪。馆员应热心地吸引他们来图书馆或者送书上门,使他们感到党的关怀,祖国的温暖,人民的期望。他们由于身体伤残,学习文化科学知识可能要付出比正常儿童加倍的劳动,甚至要克服难以想象的困难。

可用中外历史上身体伤残而获得成就的人物的事例,鼓舞他们树立正确的人生观,增强战胜病残的勇气,丢掉自卑感,坚定生活的信念,在逆流中奋进,自强不息。这是病残儿童奋发上进的重要条件。

2. 扬长避短,发挥一技之长

馆员要帮助病残儿童正视自己的缺陷,珍惜自己残存的能力,扬长避短,发挥优势,根据他们所具备的能力,推荐有关的图书,鼓励他们通过阅读图书,提高科学文化知识水平,努力学会一种谋生技艺,为将来的生活与工作打好基础,变家庭和社会的负担为四化建设的劳动者,社会公共财富的创造者。

(四)工读学生的阅读指导

工读学生是失足的青少年。他们由于种种原因,误入歧途,需配合工读学校对他们加强教育,予以挽救。

1. 宣传法律常识,加强法制教育

很多工读生是法盲,这是他们违法犯错误的主要原因。他们中的绝大多数人没有法制观念,不懂得什么事干得,什么事干不得,常在无意中干下违法的事;有些人盲目崇拜侠义好汉,好勇斗狠,殊不知触犯了法律,侵犯了他人的人身安全;有些人缺乏明辨是非,判断好坏的能力,把偷窃当本领,把斗殴当勇敢,把流氓当英雄,把坏人当知己,随波逐流,胡作非为,以致落入法网。馆员应用各种方法,宣传、推荐法律知识的书刊,指导他们阅读,配合工读学校的法制教育,宣传法律知识,使他们联系实际的事例,分清合法、犯法、犯罪的界限,认清违法犯罪对社会、国家的危害性,引导他们知法、守法,加速改造,做合格的公民。

2. 积极引导,确立新的人生观、道德观

工读生入学初期,大都精神空虚,好逸恶劳,目光短浅,不爱学习,热衷于追求资产阶级腐朽的生活方式。馆员应通过宣传图书、指导阅读,帮助他们联系个人思想,分辨美和丑、正确和错误、光荣和耻辱等的道德标准,认清劳动创造财富和只讲物质享受、革命友谊与封建行帮的区别,懂得生活的真正意义和人生的价值,树立新的人生观,促使他们猛醒,浪子回头。

3. 用知识充实他们的头脑

愚昧无知是工读生沾染不良风气、犯错误的原因之一。他们进校之前,大多是在浪荡中度过的,知识极其贫乏,甚至迷信鬼神,相信占卦算命。同时,认识错误要有一个比较、鉴别的过程,而这则需要以一定的知识为基础。馆员应用各种方法宣传图书,引起他们阅读的兴趣,不断提高他们的文化科学知识水平,并使德育和智育很好的结合,引导他们联系自己的思想和行为,逐步认识错误,进而产生追求知识的愿望,推动他们不停地进取。他们一旦和好书交上了朋友,久而久之,就会有较大的进步。

4. 用疏导方法教育、挽救工读生

工读生进校以后,常产生防卫心理。防卫心理过强,就会怀疑一切,对人持不信任态度,甚至排斥、抵消教育的力量。因此,需要馆员通过宣传图书、指导阅读,表达党、政府对他们的关怀和爱护,进行耐心的疏导,取得他们的信任。借阅图书时,要给他们一定的挑选书籍的主动权,有利于消除他们的防卫心理。阅读指导时,积极地向他们推荐优秀书刊,使他们愿意接受各种形式的图书宣传,充分发挥图书的教育作用,在潜移默化中促使其思想逐步转化,决心与错误告别,抬起头来走自新之路。

(五)差生的阅读指导

在少年儿童中,有些由于种种原因致使成绩落后,不守学校的纪律,或有某些不良行为,被称为学习差、品德差的"双差生"。这样的学生是不愿到图书馆看书的。即使去,也只是随便翻翻书,而且扰乱图书馆的秩序,破坏图书馆的借阅规则。少儿图书馆有责任教育"双差"生,使他们逐步成长为有用之才。

1. 了解辅导对象

"双差生"之所以差,原因很复杂,有些由于智力发展差;有些是娇生惯养,缺乏家庭的管教;另一些则是受社会的不良影响,等等。应全面了解差生在校内外的表现,家庭和周围环境对他们的影响,才能做好转化工作。

　　2.针对具体情况,进行帮助

　　一般情况下,差生的求知欲较低,阅读图书兴趣淡薄,缺乏学习的动力。有些差生,他们的观察力显得肤浅,抽象思维能力差,语言的表达缺乏系统和条理,反应迟钝。对这种差生,要利用一切机会吸引他们参加图书馆组织的各种活动,采用生动活泼的形式,激发他们有从图书里索取知识的愿望,进而对读书产生兴趣。再引导他们经常阅读,对大脑增强刺激,从而大力增加感性认识,在有了一定的积累以后,他们的接受、理解能力就会逐步提高。但有的差生却是思维敏捷、接受能力强,却又十分调皮的儿童。他们有的是感到学校的课业轻松,对正常的学习厌烦,因而养成懒散、粗枝大叶等不良习惯;有的是缺乏正确的引导,致使其把精力转移到不正当的地方;有的是受坏人的引诱沾染了坏的习气和行为。对这种差生,需发现他们的长处,根据他们的不同兴趣和爱好加以引导,循循善诱,使他们把旺盛的精力转移到有益的读书活动上。

　　3.掌握心理特点,调动积极因素

　　多数差生自尊心很强,却偏偏自己的学习差、操行差,被同伴们看不起,这就更加使他们与集体合不来,并背上沉重的思想包袱。在少儿图书馆他们也常表现出缺乏一定的意志和毅力,阅读发生困难,就容易泄气,产生自卑感,甚至对阅读图书、对图书馆员都有反感。馆员不能对差生持否定态度。这种态度,常相互影响,形成双向反馈,必然会使差生的大脑皮质处于不同程度的抑制状态,阻碍他们的进步和智力发展,也会使他们丧失进取的动力性质的积极感情。要帮助他们转化,重要的是激发他们追求上进的情绪。馆员应热情地关怀、亲近和体贴他们,经常给他们推荐适合的图书,讲英雄、模范的故事,并以其榜样启发教育他们。当差生确实感到馆员对自己的真诚的爱时,心理上才会消除对他的隔阂,也会亲近他,听从对他的教育和引导,进而产生和恢复上进的信心。

儿童具有一种自我实现、获取承认,取得成功的意愿和需要。如果差生在图书馆的表现和各项活动中屡遭挫折,就会使他们产生焦虑、烦躁、兴趣低落的情绪。做差生的转化工作,要求馆员创设条件,进行帮助,抓取他们的微不足道的"成功点",及时给予表扬或鼓励,如让他们有机会当图书馆的小管理员;在读书集会上扮演图书中的角色;在各种兴趣小组中显示才干;在竞赛活动中获得优胜者的奖励等等,都能使他们尝到取得成功的快乐体验,从而帮助他们树立自信心和自尊感。一个有了自信心和自尊感的学生,即使品德上还有缺点,学习也赶不上去,但最终他会不甘落后,迎头赶上的。馆员应不断分析差生的情况,有了成绩,及时表扬,出现问题,从关心爱护的角度出发,帮助纠正。在取得基本的转变以后,就要在各种场合,甚至读者大会上,给予表扬,以巩固成绩,鼓励他们不断进步。这样,还可以扩大教育面,因为差生往往是结伙的,做好一个人的工作,常常会影响一片孩子的进步。

此外,少儿图书馆应与学校教师、家长密切配合,针对差生共同存在的缺点和问题,以报告会、座谈会等形式,结合图书进行引导、帮助,务使差生都发生转变,都能进步。

第七节　帮助少年儿童掌握读书方法

一、掌握读书方法的重要意义

掌握读书方法是增强少年儿童自学能力的关键。未来学家预言:未来的"文盲"将不是目不识丁的人,而是一些没有掌握学习方法,不会自己钻研问题、缺乏预见能力的人。说明掌握读书方法,有着深远的重要意义。少儿图书馆的教育不仅是教给读者知识,重要的是教读者掌握读书方法,把他们培育成具有独立获取知识、运用知识的能力,具有善于钻研、富有首创精神的才干,将来能创造性地处理和运用各种信息,为祖国建设做出贡献的人才。

二、指导读者掌握读书方法

（一）依照不同程度,分别培养

阅读是非常复杂的智力活动过程。应从启蒙时期,就培养他们的阅读技能,引导他们掌握读书方法。

1.低年级读者

低年级读者刚踏进图书馆,在阅读中会遇到明显的困难。应帮助他们克服理解字、词的困难,教他们掌握看图识字的技巧,从插图中直观地感受作者要阐明的概念和思想,把文字与图画联系起来,逐步提高他们的感知、记忆和思维能力,理解图书的主要内容和中心思想,并养成完整地读完一篇作品的习惯。低年级读者注意力不稳定,内部言语没有很好发展,而朗读可以帮助他们组织思维,生动的音调,有助于他们理解图书的内容,是保持儿童注意稳定、加强识记效果的手段。同时,要教会他们逐步从朗读过渡到默读。

2.中年级读者

他们的内部言语逐渐完善,识字量逐渐增加,开始借阅更多的书刊。这个时期是培养默读的关键期,应着重培养和发展他们的默读能力,为大量阅读书刊打好基础。中年级读者喜欢阅读连环画,但他们往往只迅速翻阅,追求了解故事梗概,而对文字说明并不注意。应引导他们边看画、边仔细阅读文字说明,理解故事的思想内容。同时,他们对阅读报刊开始感兴趣,应给他们讲解阅读报刊的意义,分析报纸、期刊的特点,了解报纸各版刊登的主要内容,期刊索引的作用,还可经常给他们朗读报刊上有趣的文章,引导他们养成独立阅读报刊的习惯。

3. 高年级与少年读者

小学高年级与少年读者阅读兴趣十分广泛,正处在阅读图书的转变阶段,应向他们提出:

(1)明确阅读的目的,加强阅读的计划性

应帮助读者明确读书的目的,使阅读兴趣和读书的社会意义、理想与奋斗目标相结合,以推动他们认真看书学习,努力克服各种困难,提高自学能力。同时,从读者的知识水平、实际需要出发,指导他们有选择地阅读图书,增强阅读的系统性、计划性,循序渐进的提高。

(2)处理好博与专的关系

中小学时期是少年儿童学业上打基础的重要阶段,阅读的内容要广泛。鲁迅认为开拓广阔的知识领域,对少年儿童未来的发展影响极大。他说:"你们不要专门看文学,关于科学的书(自然是写得有趣而容易懂的)以及游记之类、也应该看的。"[①]并深刻而形象地指出:"必须像蜜蜂一样,采过许多花,这才能酿出蜜来,倘若叮在一处,所得就非常有限。"[②]读书既要博而且要精,既要博览群书,又要力求精深,广博为精深打下基础,精深需从广博着手,博专结合,相辅相成。从儿童开始就要培养这种能力。具体方法为:

甲、广读,即广泛浏览。这可获得广泛的知识,在头脑中留下大致的印象,一旦需要,可根据印象进一步查阅各种资料。它有利于创造思维的发展。

乙、精读,可选择几本书,细嚼慢咽,读精读透,既要理解,也要

---

① 鲁迅:《致颜黎民》、《鲁迅全集》第 10 卷,第 308、309 页,人民文学出版社。
② 鲁迅:《致颜黎民》、《鲁迅全集》第 10 卷,第 308、309 页,人民文学出版社。

强记。其办法是:细读,即逐句逐段地阅读,深入领会图书的内容,掌握其实质。再复读。为进一步挖掘书中的宝藏,可在细读之后,隔一段时间,重新阅读。这能预防遗忘,巩固记忆,并可加深理解。之后作笔记。笔记的过程,可促进思考,加强理解与记忆。

(3)引导读者深入思考,加深理解图书的内容

许多儿童在阅读中往往表现浮皮潦草、不求甚解和急躁贪多,不能消化的毛病。叶圣陶同志在提到有的学生两天看完一部《创业史》时说:"如果只是眼睛在书上跑过,只知道故事的极简略梗概,那不能不认为只是马马虎虎地读。马马虎虎地读是不值得鼓励的。一部《创业史》没读好,问题不算大,养成马马虎虎的读书习惯,可要吃一辈子的亏。阅读必须认真,先求认真,次求迅速,这是极重要的基本训练,要在阅读课中解决。"①要想方设法帮助读者克服阅读中的这些毛病,引导他们开动脑筋,深入思考与钻研,对图书内容进行分析与综合,由感性认识上升到理性认识,并把理论和实际联系起来,从而获得完全的知识。还要鼓励他们既要有苦读精神,又要学会掌握科学的读书方法,坚持不懈,持之以恒,才能加深理解图书的内容,显著地提高阅读效果。

(二)指导写读书笔记

写读书笔记有许多好处。

1.有助于牢固地掌握读物的基本思想和科学知识,从小培养积累资料的习惯。"好记性不如烂笔头",通过写读书笔记,能延长读者在感官上接受各种语言信息的时间,在头脑中留下深刻的印象,巩固对图书主要内容的记忆。

2.能深读细嚼,反复思考,深刻领会图书的主要内容,品评前人的思想成果,并提出自己的见解。经常写读书笔记,能逐步培养和提高自学能力。

---

① 叶圣陶:《阅读是写作的基础》,《文汇报》,1962 年 4 月 10 日。

3. 能不断提高思想认识和写作能力。写读书笔记是把头脑中的语言信息转化为一定思想内容的文字符号,这就需要提取图书中的核心内容,并用自己的语言组织起来。它是思想和表达相结合的实践,也是创造性地把已经掌握的知识和新知识联系起来的过程,从而使思想更有逻辑性和哲理性,进一步提高写作能力。

常用的读书笔记形式有:

1. 摘要。把图书里最有教育意义、最精彩、最重要的内容和语句摘录下来,以指导自己的思想和行动和作学习的参考。可综合的、也可分类摘录图书的内容,或积累词语,摘抄科学知识读物的基本概念与结论。

2. 随笔。联系自己的某种思想或对学习中的某个问题有所感受便随时记录下来。其体裁和题材非常广泛,不拘一格,易于锻炼选材和语言的表达能力。

3. 提纲。写一本书或一篇文章的基本内容的纲要,便于理清层次,抓住中心,记住要点。

4. 概述。用自己的语言把全书的基本内容、重要论点、总的结论精练扼要地概述出来,便能直接把握读物的主要思想和核心部分。

5. 读后感。对图书或文章的内容、观点和表现手法作出评价,写出自己的心得体会。这对图书的内容会了解得更透彻,受到的教育更深刻。

小学二年级的读者就可练习写读书笔记了。如记录书名、作者姓名,还可对图书内容是否有趣作出简单的评论。

中年级读者,应写明图书中叙述了哪些内容,有哪些主要人物,自己喜欢哪部分并说明理由。

高年级以上读者应要求写明图书的主题,基本思想、主人公性格的主要特征和对图书的印象,并从图书中得到什么启示和思想感受。要求读者学会对图书作出评价,对科学内容作出引证。

（三）引导读者利用图书和图书馆

应从读者进馆就注意引导他们克服阅读图书的盲目性和随意性,培养他们主动地利用图书馆和独立选择图书的能力。

1. 熟悉图书馆

读者第一次进馆,就需对他们进行图书馆教育,宣传图书馆的基本知识,介绍少年儿童图书馆的历史,各部门的组织状况,各项工作内容和规章制度,以及揭示丰富的藏书。这会给读者留下深刻的印象,对图书馆产生兴趣,激起求知欲,渴望成为积极读者。

2. 培养读者独立选择图书的能力

从读者入馆开始,就注意培养他们独立选择图书的能力。因此,应帮助他们了解图书馆目录的作用,目录卡片上每一个著录事项的意义,如何根据目录向馆员索取图书。还要帮助他们了解目录编制的基本原则;目录的组织和排列方法;掌握分类目录、主题目录及各种书目参考资料的查找方法,使读者学会利用图书馆的各种设施,能自己选择需要的图书。

3. 了解图书的结构

图书的各个组成部分从不同的方面反映出一本书的概貌。图书的封面、扉页,可了解书名、作品的体裁、著述方式。序言,往往介绍作者的传记和著书的有关材料,如创作情况、时代背景、说明该书的意义、对作品的评价及材料的编排等方面的内容。各种书籍的序言各不相同。文艺书籍,一般反映作品的主题思想、主人公形象特点和作者的表现手法、艺术技巧;科学幻想小说则经常阐述图书所涉及的科学问题;历史书往往说明时代和重大的历史事件。阅读序言可使读者获得有关该书的某些必要的知识。

图书目录是一本书的纲领,可反映图书的基本内容与概貌。

注释和索引包括书内行间的夹注、页末脚注及书内所附索引,是解释具体的人物、事件与引用材料的来源、出处等方面的内容。

4. 熟悉各种工具书

应帮助读者熟悉字典、辞典、手册、年鉴等各种工具书，了解其编制原则和查找方法，使读者能藉助工具书解答疑难问题，并能独立地查找所需资料。

有条件的少儿图书馆还应配合学校帮助学生了解计算机软件的功能和数据处理技术，以使他们将来能在图书馆运用电子计算机进行文献检索、处理各种信息。

第九章　少儿图书馆业务辅导

第一节　业务辅导工作的任务

一、业务辅导工作的意义

业务辅导工作体现了国家对少儿图书馆事业的领导。它是指大型的少儿图书馆或中心馆对本地区、本系统下属的少儿图书馆（室）及其他各类型少儿图书馆（室）如中小学、街道、少年宫、工厂、农村的少儿图书馆（室）进行业务辅导，帮助各馆（室）贯彻少儿图书馆工作的方针、任务，掌握业务知识和工作方法，并采取各种形式互相交流经验，研讨业务，共同提高业务水平。国家对少儿图书馆事业的领导，还体现在合理的组织全国的少儿图书馆（室），有计划的设置图书馆网，通过经常的、有计划的、系统的业务辅导，帮助各类型少儿图书馆提高工作水平。这对于各类型少儿图书馆（室）加强科学管理、提高管理人员的专业水平、推动业务研究以及协调馆藏图书，更好地为少年儿童服务，具有重要的现实意义，同时，也能巩固、提高、发展少儿图书馆事业，促进和繁荣少年儿童图书馆学的研究。

二、业务辅导的工作任务

（一）协助领导制订少儿图书馆事业的发展规划

根据各少儿图书馆所面临的新形势,各省、市、自治区的政治、经济和文化特点、具体条件,协助有关部门制定本地区、本系统少儿图书馆事业的发展规划。包括制定各类型少儿图书馆的方针任务;筹划新馆的建设、旧馆的扩建;研究体制的改革、图书馆网点的设置、业务工作的标准化、规范化、制度化;干部的配备、业务职称的评定等,当好各级领导的参谋和助手,促进少儿图书馆事业的巩固与发展。

（二）进行调查研究,开展经常性的辅导

对本地区、本系统的各类型少儿图书馆(室)进行调查研究,开展经常性的业务辅导,研究总结和推广有关少儿图书馆(室)的先进经验,并推动少年儿童图书馆学的科学研究。为此,业务辅导干部需做到:

1.经常调查少儿图书馆(室)的各项业务工作,积累各种业务经验资料,包括宣传图书、指导阅读、充分利用馆藏的有效方式及开展馆际间的协调、协作,组成统一的图书馆网的经验。

2.认真分析新经验的典型性和实用价值及其推广的可能性,并帮助各馆(室)从理论上加以科学的论证与总结,推动少年儿童图书馆学的科学研究。

3.积极宣传新的经验,帮助各少儿图书馆(室)切实掌握,在工作中实际运用。

（三）搜集、保管业务资料,促进少年儿童图书馆学的研究

搜集、整理与保管有关少儿图书馆业务方面的书刊资料,组织、推动本地区、本系统少儿图书馆的业务研究,促进少年儿童图书馆学的科研工作。业务书刊资料包括上级领导部门下发的有关文件;本馆业务部门下发的文件、工作计划、总结;本地区少儿图书馆事业的调查材料;基层少儿图书馆(室)的工作汇报、编印的资料以及国外其他地区少儿图书馆的经验等等。

业务辅导与业务研究是密切相关的。业务辅导是以少儿图书

馆在儿童教育工作中的科研成果为依据来开展指导工作的,而业务辅导的质量又有赖于少年儿童图书馆学的研究水平。同时,少儿图书馆(室)在实践中提出的问题,又能成为进一步深入研究少年儿童图书馆学的课题。只有这样不断地进行业务辅导与理论研究,才能逐步提高业务辅导与少年儿童图书馆学科研的水平,促进少儿图书馆事业的发展。

（四）、培养、建设适应需要的干部队伍

培养专职和兼职的少儿图书馆管理员,建设适应需要的干部队伍。少儿图书馆员的政治思想、业务水平,直接影响工作质量与事业的发展和巩固。培养一支热爱少儿图书馆工作、热心儿童教育的少儿图书馆干部队伍是发挥少儿图书馆作用的关键。我国的少儿图书馆干部队伍中,一部分是具有熟练的工作技能、丰富的实践经验,并有首创精神的,而大批新补充的馆员及兼职馆员则迫切需要提高业务知识、掌握专业技能。业务辅导部门应有计划的、采用各种方法组织后者学习或系统的培训,以建设一支适应需要的专业干部队伍。

第二节　业务辅导工作的方法

一、直接辅导

这是开展业务辅导最有效、最常用的形式之一。其优点是:业务辅导人员能深入实际调查研究,充分掌握全面情况,从而找出关键问题,研究解决的办法,并能因时、因地、因馆制宜开展针对性的辅导,不断提高工作水平。但业务辅导工作面对的是各种少儿图书馆,类型复杂,数量庞大,任务繁重,业务辅导人员需采取以下措施,使辅导工作取得更大效果。

（一）选择典型，重点辅导，寻找规律，总结经验，推动全面

毛泽东关于"突破一点，取得经验，然后利用这种经验去指导其他单位"①的论述，对开展业务辅导也是行之有效的。在各类型的少儿图书馆（室）中，挑选具有典型性的单位进行重点辅导，进而了解和掌握同一类型图书馆（室）工作的普遍规律和共同的问题，总结经验，用以指导面上的工作。所谓典型，一种是好的典型，可树立榜样；一种是差的典型，可抓薄弱环节；一种是中间的典型，可带动一般。培养的典型，有利于推动全面的工作。

（二）巡回辅导，抓点带面，传授经验，推动工作

巡回辅导能较全面的了解各少儿图书馆情况，帮助各馆总结经验与教训，传授好的经验，并可发现新的典型。抓点带面能加强各少儿图书馆（室）的联系，推动面上的工作。同时，重点辅导应与巡回辅导密切配合。重点辅导为巡回辅导打好基础，巡回辅导为推广好的经验创设条件，不断提高业务辅导工作质量，获得大面积的辅导效果。

二、会议辅导

召开各种形式的专业会议，如经验交流会、现场会、座谈会、业务研讨会等是进行群众性业务辅导的重要方法，也是培养和提高工作人员业务技能的重要手段之一。它的优点是：

1. 能发挥集体的智慧，互相启发，共同讨论，解决工作实践中的各种问题。

2. 在业务人员有限的情况下，通过会议形式组织各少儿图书馆业务干部互教互学，互相促进，能适当满足事业发展的需要。

3. 可直接交流宣传图书、指导阅读的经验。如召开现场会，可

---

① 毛泽东：《关于领导方法的若干问题》，《毛泽东选集》第3卷，第852页，人民出版社。

使与会者直接深入实际,听取先进少儿图书馆的经验,又能通过参观、实地考察增加感情认识,有利于更好的吸收有益经验。

4. 专业工作者通过专门的问题讨论会和学术性的会议能深入探讨少儿图书馆(室)的工作规律,对业务实践进行科学的研究和总结,不断提高业务干部与少年儿童图书馆学的研究水平。

三、书面辅导

编印与出版各种类型的业务资料,如业务指导性的文献;综合性和专题性的经验总结;研讨各项工作的业务资料;定期、不定期的简报与专业性刊物;业务学习教材与推荐书目等。其特点是:

1. 形式灵活方便,能较迅速地将上级的指示精神下达基层,便于指导工作。

2. 辅导面广,能同时推广先进经验与新的工作方法。

3. 建立在大量实际材料基础上又经过科学分析、综合及系统整理的各类业务资料,反映了各历史时期少儿图书馆事业的发展水平和实际情况,对业务研究具有一定的参考价值。

四、组织干部培训

业务辅导部门通常采用业务培训班、专题讲座、报告会、业余学校、函授学习等方式对专职、兼职馆员进行长期或短期的、脱产或不脱产的学习培训。其优点是:

1. 能较系统地传授少年儿童图书馆学的专业知识与教育学、儿童心理学、儿童文学及其他各科的文化科学知识。

2. 通过学员的自学、讨论、参观、实习等活动,使理论与实践相联系,能进一步提高馆员的业务技能与分析、综合问题的能力,不断提高理论与业务水平。

3. 可普遍提高专职、兼职馆员的思想水平,解决各馆(室)共同存在的问题。

五、解答业务咨询

解答各少儿图书馆(室)的业务咨询是中心少儿图书馆业务辅导干部的职责,可根据各馆(室)提出的具体问题,有针对性地给予解答。咨询方式有口头、书面与电话咨询等,既可个别答疑,又可集中的解答问题。业务咨询又是业务辅导人员了解各少儿图书馆(室)实际情况的一个渠道。

第三节　建立少儿图书馆网

一、建立少儿图书馆网的意义

组织为少年儿童服务的少儿图书馆网,体现了国家对少儿图书馆事业的领导,并有现实的深远的历史意义。列宁说:"……我们应当利用现有的书籍,着手建立有组织的图书馆网,来帮助人民利用我们现有的每一本书,应当建立一个有计划的统一的组织,而不是许多平行的组织。"①这就意味着通过协作和业务辅导关系,把全国各地区、各系统的少儿图书馆(室)联系起来,统一领导和规划,形成有分工协作、纵横交织、脉络贯通的少儿图书馆体系,对巩固和发展少儿图书馆事业具有重要作用。我国少年儿童数量众多,把本地区、各系统的各类型少儿图书馆(室)组织起来,建立为少年儿童服务的图书馆网,能最大限度地为我国二亿多有阅读能力的少年儿童提供借阅图书的方便条件。而建立少儿图书馆网又能促进各馆(室)之间的密切联系,加强协作与协调,互通有无,充

---

① 列宁:《全俄社会教育第一次代表大会贺词》,《列宁全集》第 29 卷,第 302 页,人民出版社。

分利用馆藏,发挥人力、物力与财力的最大效用,为培养建设人才作出应有的贡献。另外,少儿图书馆网还能促进各馆(室)的业务工作实现标准化、规范化,为图书馆的现代化创造条件,即为建立电子计算机检索网络打好基础。

二、儿童图书馆网的组织

(一)按系统组织

每个系统为少年儿童服务的少儿图书馆(室)具有上下隶属的纵向联系。各级行政部门对各个少儿图书馆(室)进行直接的领导和管理。国家通过方针政策、规划、计划和必要的监督手段来实现其领导的职能,并且保证少儿图书馆事业沿着四化建设的轨道有计划、有步骤地发展。各级为儿童服务的公共图书馆,应在业务上对各系统的少儿图书馆(室)给予指导和帮助。这种纵的形式有利于发挥行政部门的领导作用,便于对整个系统的少儿图书馆开展具有共同性的活动。

(二)按地区组织

它是在一个地区内,各系统的少儿图书馆(室)打破条条的分割,根据馆(室)的地理位置就近划分的横向联系。它能按业务活动的客观规律与需要互相结合起来,建立组织和开展业务上的联系与协作。它是一种互助、互利、互相促进的联系。各级为儿童服务的公共图书馆(室)是协作网的枢纽和中心。这种形式可充分发挥各少儿图书馆(室)的作用,有利于按工作规律开展业务活动。

(三)按系统组织、按地区分片

按纵的形式组织儿童图书馆网,常因各单位相距较远,影响业务活动的正常开展。为此,可采用按系统组织、按地区分片的形式组织儿童图书馆网。即按纵的形式由主管部门负责组织工作,安排一切活动。同时,各系统根据就近方便的原则,划分若干协作片或协作小组,由各地区为儿童服务的公共图书馆发挥中心作用,对各少儿图书馆(室)进行业务辅导与对协作网片进行组织和领导。至于采用何种形式组织儿童图书馆网,可根据各地的实际情况决定。

三 儿童图书馆网的活动内容

（一）培训管理员队伍,提高业务水平

我国的少儿图书馆事业正处在新的发展阶段。各馆(室)新人员多,缺乏专业知识。儿童图书馆网的首要任务是采用办训练班与互教、互学相结合的办法培训干部,还可在儿童图书馆网内,组织开展各种业务竞赛活动,不断提高馆员的思想和业务水平。

（二）协调馆藏图书、加强藏书建设

在不同类型的少儿图书馆(室)中,中小学校图书馆(室)占有很大比重;在馆藏图书、设备条件方面,各少儿图书馆(室)的差距也较大。为解决这一矛盾,儿童图书馆网可把各系统孤立、分散的为儿童服务的少儿图书馆组织起来,以大带小,互相帮助,取长补短,共同协作。在一个地区内,根据各系统、各类型少儿图书馆(室)的特点和需要在藏书建设上,按保证重点、照顾一般的原则收藏图书,进行分工协调,以使有限的经费发挥最大的效益,最大限度地满足广大儿童的阅读需要。

（三）统一编目,促进目录建设

儿童图书馆网可组织人力统一编目,促进各馆的目录建设,健全目录制度,提高工作质量。还可在儿童图书馆网的范围内,建立目录中心,使其能较全面地反映各少儿图书馆藏书情况,发挥联合目录的作用,并可进一步编制综合性和专题性的联合书目、推荐书目及各种教学参考书目索引,以充分利用各少儿图书馆藏书,为少年儿童的教育和教育工作者服务。

（四）开展馆际互借,实现资源共享

开展馆际互借是儿童图书馆网进行协作、协调活动的基本内容之一。它能有效地解决读者急需而本单位未入藏的图书与视听资料,特别是为学校及时提供大量教学参考的复本书打开了通路。馆际互借可以互通有无,互相支援,扩大图书的流通范围,提高图书、视听资料的利用率,充分发挥馆藏作用,达到资源共享的目的。

（五）加强业务研究,不断提高工作质量

随着我国少儿图书馆事业的发展和儿童图书馆网的建立,在各类型为儿童服务的少儿图书馆(室)的实际工作中,会不断提出各种理论性的、政策性的、基本方法与技术性的种种问题,需在儿童图书馆网内有计划、有步骤的开展业务的探讨与研究,并不断地将新的研究成果用到实践中。这对逐步提高少儿图书馆(室)的工作质量,必将起到积极的作用,也能进一步提高馆员的业务水平和科研能力,促使干部队伍迅速成长。

第十章　少儿图书馆组织管理

第一节　组织管理的意义和职能

一、少儿图书馆组织管理的意义

少儿图书馆的组织管理是为积极推动少儿图书馆事业的发展,保证工作的顺利开展,以期科学地教育和培养少年儿童,为祖国的社会主义建设输送更多的有用人才。少儿图书馆的组织管理,是要推行科学的、民主的管理,调动整个系统和馆员的积极性,使少儿图书馆在祖国两个文明的建设中发挥应有的作用。它包括对工作和事业的管理。即对藏书、读者、馆员、建筑、经费以及事业等各方面的管理,也就是妥善地使用人力资源,最大限度地调动人的积极性;要少花钱多办事,使有限的资金发挥最大的效益;对于物要考虑物尽其用,使藏书和设备都成为适合读者需要的有用财富。在事业方面,研究全国各地区、各系统、各类型少儿图书馆的发展规划;制定方针、任务和政策;确定管理体制、机构设置和干部职责;研究各种业务标准及其使用和推广;确定经费的调拨和分配;统筹少年儿童图书馆学的研究和成果的交流等。

二、少儿图书馆的管理职能

少儿图书馆的管理具有决策、计划、组织、指挥、协调、控制等基本职能,这些职能是相互联系而又有区别的。

决策。是指管理的最高层准备采取的行动方针。它是在周密细致的调查研究基础上,对少儿图书馆的事业发展和各项业务工作、人事制度与设备管理等作出最优方案的选择。

计划。是指预先确定未来的行动目标,明确活动的步骤和方法。它必须遵循经济的发展规律,使少儿图书馆事业的发展符合经济的现状,量力而行;根据事业发展的方针、政策,本单位的特点、规模与条件,制定长远规划和短期计划,选择达到目标的途径和方法。

组织。即人力和物力的组织。为实现科学地教育培养少年儿童,需合理的组织相应机构、配备人员,确定工作岗位,规定工作范围和职责,明确各级人员之间的相互关系,使本系统完满地实现各项决策和计划。

指挥。指管理人员对本系统的活动发出指示和决定,进行领导和监督。为此,需对所属工作人员有较全面的了解,定期检查工作,按制度进行政治及业务考核,充分调动工作人员的积极性,做好本职工作。

控制。通过检查,按既定的工作计划和标准,衡量各项工作的成果,发现和解决问题,使工作按计划的方向进行。控制不仅要评定成绩,还要认识和判断问题的发展趋势。为改进工作提供信息反馈,还要根据检查的结果,发出新的指令,对工作进行调整,使其符合管理的目标。获得良好信息反馈,是少儿图书馆对各项工作进行有效控制的重要条件。

协调。就是解决矛盾、沟通联系、统一步调和行动。它可使少儿图书馆的事业建设和各项工作趋向和谐,促使各单位、工作人员充分发挥主动性和创造性,推动少儿图书馆事业的发展。它是管理的重心。

第二节 少儿图书馆组织机构

一、领导机构

由馆长、副馆长分工负责,对全馆的思想、业务工作进行组织和领导。党组织对少儿图书馆的各项工作起监督、保证作用。

二、行政机构

负责行政、人事、财务、后勤等方面的工作,应明确分工,专人管理或兼任。

三、业务机构

(一)设立业务机构的依据

1. 各类型少儿图书馆应根据本馆的任务,考虑设置相应的业务机构,配备适量的工作人员,进行分工合作,提高服务质量。

2. 少儿图书馆的规模由读者、藏书等因素决定。规模愈大,任务愈多,分工越细。

3. 根据少儿图书馆的特定地区和具体需要、经费情况、房舍设备、干部能力与数量等考虑设置各业务部门,以保证正常开展工作。

(二)业务部门和工作任务

1. 采编部门

根据少儿图书馆(室)的任务,建设藏书体系,掌握出版情况,补充馆藏图书;办理书刊资料的采购、交换、赠送、验收、登录以及进行分类、编目与加工整理工作;组织各种目录,建立馆藏目录体系,编印新书通报目录、推荐书目和联合目录。

2.阅览、外借部门

这是直接面向读者的第一线工作。主要任务是宣传图书、指导阅读。它负责读者登记、发放借阅证;开展个人、集体外借与馆际互借;组织个人和小组、班级的集体阅览,进行参考咨询工作。有条件的少儿图书馆(室)要为儿童教育工作者建立阅览、外借部门,为他们编制需要的书目索引,给他们利用图书提供方便。

3.业务辅导部门

它负责少儿图书馆事业的组织和建设任务,业务的理论研究以及对本地区、本系统少儿图书馆(室)的业务辅导;组织儿童图书馆网,开展各系统少儿图书馆(室)间的协作与协调,培训业务干部,编印业务资料,召开会议交流经验与研讨业务。

附设在各级成人图书馆的少年儿童阅览室,可独立设置各业务部门,也可由成人图书馆各相应业务部门负责。

4.特藏部门

收藏保管各种视听资料,如录音带、录像带、幻灯片、科技电影片等。

第三节 少儿图书馆工作计划

一、制定工作计划的意义

制定工作计划是保证贯彻少儿图书馆的方针、任务的重要条件。工作计划是确定少儿图书馆(室)在一定时期内的工作任务和内容,并调动群众的积极性,共同努力,以达到预期的目标。它是实现科学管理的具体措施之一,有利于掌握和检查各部门的工作进展情况,建立、健全岗位责任制,使馆员有明确的奋斗目标,统一的行动方向,积极负责,主动合作,并在各部门之间进行平衡和协调。通过制定计划,可对多头复杂的工作分别轻重缓急、有条不紊地组织安排,并有计划、有步骤地完成任务。

二、工作计划的内容

年度计划包括:

(一)确定工作任务和内容

这是根据国家和各地区的政治、经济、文化教育任务、党和政府有关决议、文化部门的指示以及上级机关下达的工作任务确定的。同时,考虑学校的工作安排、教学大纲的要求、团、队的工作计划以及读者的广泛要求等制定。

(二)读者服务和图书宣传工作

(1)读者服务的各项指标,应根据本馆任务与具体条件制定个人、集体外借、阅览室、流通站等部门发展读者的数量指标与借阅图书的指标。在确定数量指标时,应对小学低年级、中高年级和初中生分别作出安排。

(2)年度计划只能大体拟定图书宣传、阅读指导活动的主要内容,其他内容可在季度、月份计划内具体确定。年度的图书宣传、阅读指导活动计划,应结合国际、国内重大政治事件、重要的节日、纪念日,并参考教学大纲拟定,还应提出对各个不同年龄读者群组织活动的数量和方式。各种兴趣小组的活动,则应从总的培养目标拟定具体措施。

(3)根据客观需要,创造条件,逐步建立参考咨询机构,开展参考咨询及情报工作。

(三)图书馆藏书及目录组织

它应包括对藏书的研究和补充,图书的加工整理,旧书的修补及图书的分类、编目和目录组织工作。

(四)业务辅导工作

计划中应阐明对本系统所属少儿图书馆(室)、农村、街道、学校图书馆（室）的辅导帮助；组织少儿图书馆网的活动；编印业务资料、召开有关业务会议及干部培训班等内容。

（五）与社会的联系

应考虑与党、团、队组织、社会其他教育机构、学校等的联系与协作。

（六）经济工作

应包括少儿图书馆（室）房舍的兴建、维修、设备的添置及财务计划的安排。

（七）干部的培养

应拟定提高少儿图书馆（室）干部的政治思想、业务技能的方法与措施。

季度和月份计划大致也包括这几个部分，但要用准确的数字和活动方式表明计划的内容，采用的方法，负责人和规定的期限。

此外，少儿图书馆（室）还可根据工作需要制定暑假、寒假的各项读书活动计划。

三、工作总结

它是少儿图书馆（室）一定时期内工作情况的记述，也是制定新工作计划的依据。进行工作总结，需检查以往的工作情况，全面、客观、辩证地分析工作中成功的经验与失败的教训，充分肯定成绩，认真对待缺点，发现存在的问题，提出改进的办法，找出工作的规律，使点滴经验条理化、系统化，用以指导今后的工作。它可以检查工作计划的科学与合理程度，作为改进、调整工作计划的参考，不断提高工作质量。

第四节　少儿图书馆统计

一、少儿图书馆统计的作用

它的作用在于掌握真实的数据,为少儿图书馆编制计划,以及为监督、检查工作计划执行情况与改进工作提供可靠的依据。少儿图书馆的统计是根据经常搜集、经过整理分析的资料,精确、系统的数据反映馆(室)工作的实际概况、服务水平、事业的发展状况、发展速度及规律,为进一步提高读者服务的工作质量与少年儿童图书馆学的研究提供各方面的参考资料。

二、统计的种类

(一)藏书统计

应反映藏书的数量和质量以及藏书量对读者需要保证的程度。即通过藏书登记了解入藏图书的数量(藏书的种数、册数)、入藏时间、购书费用、图书来源等各方面的综合情况,以及得到反映藏书质量情况的分类统计资料。完善的藏书统计能做到按月按季、按年度统计,明确说明藏书数量的总和;从种类上,统计出各大类的册数和金额;从类型上,统计出图书、报纸、期刊、通俗读物、连环画、视听资料等的数量和金额。

(二)读者统计

其目的是掌握读者的数量和成分,据以进行分析,取得为读者服务的主动权。统计包括各年级学生利用图书馆的情况、儿童教育工作者的构成成分、集体借阅、各种借书小组和图书流通站的数字。读者统计,主要通过读者登记卡来了解读者的基本情况,包括姓名、年龄、性别、文化程度(年级)、民族等情况。学校图书馆的读者统计还应包括教师、职工、学生和学生的年级。可作综合统计、分类统计、按时间的动态统计。

（三）借阅统计

应具体反映借阅图书的数量、人次、借阅书刊的内容、种类。可分别按馆内：阅览人次、借阅册数；馆外：个人和集体外借、流通站、馆际互借等不同借阅方式进行统计，也可按出版物形式—图书、期刊、报纸或按图书内容分类统计。其目的是掌握图书流通情况，分析读者的阅读需要与阅读倾向，检查图书宣传、阅读指导的效果，反映为读者服务的具体书刊内容和满足读者需要程度，并衡量少儿图书馆（室）的服务能力与质量。

此外，还有群众性活动、书目工作和业务辅导工作统计等。这类统计也需反映数量和内容。

（四）阅读效果记录

它具体反映了少儿图书馆（室）在社会主义两个文明建设中所发挥的作用。然而，读者知识量的增长，思想觉悟的提高是无法具体计算的，但却是少儿图书馆读者服务质量的有力证据。因此，这方面的资料应尽量搜集，长期积累，并通过这些资料研究读者的阅读心理、愿望和需求，以掌握图书的流通规律，为图书采购提供有价值的建议。

（五）解答读者咨询记录

对于读者在学习、生活和工作中所提出的各种问题，应利用书刊资料和工具书，给予直接的回答或提供书目资料，指出线索，引导读者自己寻求答案。解答读者的咨询问题，能满足其特定的需要，而有些咨询问题，在读者中常常具有普遍性和代表性。认真记录咨询问题，长期积累，在此基础上，予以总结，可发现规律性的东西，能作为编制书目、开展群众性活动的参考，并能改进图书采购、目录组织、图书宣传等工作。

三、少儿图书馆工作指标

少儿图书馆(室)的各项统计数字,可反映馆(室)的工作数量,并能计算出各种工作指标,用以概括地表明活动情况、工作质量及效果。因此,全面地掌握各项工作指标,有助于把握工作重点,提出科学的工作计划,为加强读者服务工作、促进科学管理打好基础。

通常用以统计计算的工作指标有下列几种:

(一)少儿图书馆(室)普及程度的指标:本地区少年儿童人数与少儿图书馆(室)数目的比例。

计算方法:

$$\frac{本地区少年儿童总人数}{少儿图书馆(室)总数} \times 100\%$$

(二)少年儿童读者普及程度的指标:本地区有阅读能力的少年儿童人数与有阅读能力的少年儿童读者人数的比例。

计算方法:

$$\frac{本地区有阅读能力的少年儿童总人数}{少年儿童读者总人数} \times 100\%$$

以上两个指标中,少儿图书馆(室)和少年儿童读者数字的比例愈大,说明普及程度愈高。

(三)图书周转率指标:平均每本书一年内出借的次数。分析这项指标,有助于提高藏书质量,促进图书流通。

计算方法:$\dfrac{一年内读者借阅的总册次}{馆藏总册数}$

(四)读者借阅率指标:平均每个读者一年内借阅书刊册数。它说明读者的阅读能量,借阅书刊的频繁程度,也反映了藏书质量、满足读者需要的情况。

计算方法:$\dfrac{全年书刊借阅总册次}{实际借阅的读者人数}$

（五）读者到馆率指标：平均每个读者一年到馆的次数。它说明读者利用图书馆的积极性以及少儿图书馆（室）读者服务的成绩。

计算方法：$\dfrac{全年读者到馆的人次}{读者总人数}$

（六）各类图书借阅率指标：各个知识部门图书的流通量在全部借阅总数中所占的比例。它可反映读者的阅读兴趣和倾向，揭示各类图书的流通情况。分析这项指标有利于提高服务质量，帮助读者发展全面的读书兴趣。

计算方法：以社会科学通俗读物、科学技术通俗读物、文学等类图书借阅总册次除以全年借阅图书的总册次。即

$\dfrac{各类图书借阅总册次}{全年借阅总册次} \times 100\%$

（七）图书拒借率指标：在读者提出的全部借书要求中，未借到的书刊数量，占读者所要借阅的书刊数量百分比。它直接反映图书馆的工作质量，并涉及到各个工作环节。努力减少拒借率是改进图书馆各项工作的有效手段。

计算方法：将一定时间内（一天、一周、一月等）读者未借到的书刊总册次除以读者所要借的书刊总册数。

$\dfrac{未借到的书刊总册次}{读者所要借的书刊总册数} \times 100\%$

（八）图书保障率指标：每个读者能借到的图书的平均数字。它反映藏书状况与读者人数之间的关系，说明读者选择图书的可能性，用以研究藏书量与发展读者量的恰当比例，争取在藏书量较少的情况下，而能满足较多读者的需要。

计算方法：$\dfrac{馆藏图书总册数}{读者总人数}$

（九）工作人员工作量指标：平均每个馆员一年内借出的图书册数和服务的读者人数。它可反映工作人员的成绩、工作量和工

170

作强度,便于实现定额管理,并为馆(室)的科学管理和人员考核奠定基础。

计算方法:$\dfrac{\text{全年借出图书总册次}}{\text{图书馆员总人数}}$

$\dfrac{\text{全年读者总人数}}{\text{图书馆员总人数}}$

第五节　少儿图书馆规章制度

一、制订规章制度的目的和要求

规章制度是少儿图书馆(室)实行科学管理的依据。少儿图书馆(室)的采购、分类、编目、典藏、阅览、流通是常年持久开展的业务工作,必须以规章制度、条例、标准为准绳,才能保证各项活动正常、有秩序的顺利进行,达到馆(室)管理统一化、规范化的目的。

订立各项规章制度的要求:

(一)正确处理图书馆与读者之间的关系

少儿图书馆(室)的数量有限,而少年儿童读者人数众多,藏书利用率高,读者借阅频繁。为此,应把方便读者利用图书馆作为工作的出发点,同时,根据少儿图书馆长远的发展需要,妥善地保护好国家财产,使"藏"和"用"统一起来。

(二)正确处理读者之间的关系

制订的规章制度、条例应以满足广大少年儿童读者的需要为立足点,同时,限制少数读者的不良行为,避免图书的遗失和损坏,保证书刊的正常流通和周转,从而保护多数读者的利益。

（三）正确处理图书馆内部的关系

少儿图书馆（室）的藏书和读者工作是有机联系的整体，各工序的业务技术环环相扣，互为影响。建立和修改规章制度应深思熟虑，照顾全局，考虑各项工作的衔接，保持必要的平衡，使其符合实际的需要与反映客观的工作规律。

（四）简单明了，易于掌握和记忆

规章、细则、条例等等都具有法定性质。应用词准确，言简意明，便于工作人员及读者遵照执行。各项基本的规章制度，除根据形势的变化进行必要的充实、修改以外，应保持相对的稳定性和规格化，以使少儿图书馆（室）不断提高管理水平。

二、规章制度的内容

（一）图书馆工作条例

这是少儿图书馆（室）进行工作的纲领性、指导性文献。应由各类型少儿图书馆的上级行政主管部门颁发，主要规定少儿图书馆（室）的性质、管理机构、业务部门的设置、各部门的工作任务、职责范围、隶属关系及人员编制等。

（二）图书馆入藏制度

根据少儿图书馆（室）的性质、任务，规定图书、报纸、期刊、连环画及其他资料的入藏原则、收藏范围、藏书比例、图书复本率、采购标准、采集方式、登记制度、采购人员工作细则（操作技术、质量要求、注意事项，包括调查研究、补充、交换、验收、报账、登记、盖章、移交、送递、注销等）。

（三）图书分类规则

分别确定书报、期刊、连环画与资料的分类法、分类的基本原则、一般规则，分类法的使用方法（每个类使用到几级类目、"交替类目"的选择，自行"扩充类目"、"复分类目"的规定。）

（四）图书编目规则

共分为:1.编目工作细则,这是关于编目工作的总规定,包括编目工作的总流程、编目方法、依据、操作技术和质量要求等。2.图书著录条例:关于图书、期刊、报纸、资料的著录标准、格式、项目和方法等。3.目录组织规则:包括目录体系、种类和组织规则。

(五)藏书保管制度

确定采编部门与外借、阅览部门之间的交接清点制度,藏书体系、类别及组织原则,书库管理制度、藏书清理(图书剔除、注销制度)和图书保护办法、工作人员的职责范围等。

(六)阅览室、借书处管理和利用规则

确定阅览室、借阅处的组织原则、图书收藏范围、服务对象、工作任务、个人与集体借阅方法、读者利用图书馆的权利和义务等。

(七)统计制度

规定统计范围、统计表报、统计单位、统计方法及统计人员的职责等。

(八)经费使用规则

规定经费的预算,图书、期刊、报纸、连环画等购书经费的分配比例。

第十一章 少儿图书馆员与儿童服务员

第一节 馆员的素养与职业道德

一、少儿图书馆员的作用

少儿图书馆是培养少年儿童成长的社会学校,馆员则是少年儿童的校外老师。少儿图书馆员是图书馆干部队伍中的一支重要力量。苏联克鲁普斯卡娅明确指出:"图书馆员是图书馆事业的灵魂,很多事情要靠他来做。他必须是自己事业的热爱者,善于向读者群众进行工作,掌握图书馆的工作方法,善于运用这些方法来组织图书馆的一切工作。"[①]因此,建立坚强有力的图书馆员队伍,是推动少儿图书馆事业发展的重要保证。

在人类社会的发展历史上,图书馆承担着搜集、整理、传播人类科学文化知识的任务。但它需要通过馆员的长期辛勤劳动,才能发挥其积极作用,而且社会愈文明,生产力愈发展,科学技术愈进步,馆员的作用愈明显。少儿图书馆员不仅传播知识,还能塑造人的思想和品德。馆员和教师在学校内外两条战线上,在为培养德、智、体、美全面发展的新人的伟大事业中,担负着人类灵魂工程

---

① 转引自《苏联图书馆事业组织原理》,C. C. 丘巴梁著,舒翼翚译,第 42 页,1957年,中华书局出版。

师的光荣职责。馆员与学校、家庭和社会各方面的儿童教育工作者密切配合，为他们提供教育科学发展的最新情报和丰富的书刊资料，充分发挥了儿童教育工作者的参谋作用。馆员也最了解少年儿童的兴趣、爱好、愿望和要求，能向儿童读物出版部门、儿童作家反映孩子们的思想感情，提出切实有效的建议，又能起儿童与编辑、作家间的桥梁作用。

二、少儿图书馆员应具有的素养

（一）思想修养

馆员应努力学习马列主义理论，学习党的方针政策，加强思想品德修养，坚持用马列主义的立场、观点、方法分析问题、处理工作，才能把自己锻炼成为合格的少儿图书馆工作者，担当起共产主义思想的宣传员、社会主义精神文明启蒙者的教育重任。

思想修养的重要标志是加强职业的意识、信念与革命的责任感，把培养教育好下一代当成神圣的职责，并与祖国的前途命运联系起来，刻苦钻研业务，努力掌握教育少年儿童的本领，在平凡的岗位上，做出不平凡的成绩。还应看到，各种图书均带有一定的思想倾向。面对思想单纯，良莠难辨的少年儿童，馆员应有强烈的革命责任感和鉴别能力，帮助小读者分清精华和糟粕，抵制和严禁淫秽、庸俗作品对他们的毒害，清除有害思想对他们的影响，为下一代的健康成长铺平道路。

（二）文化修养

1. 语文知识

馆藏的绝大部分是以文字形式出版的图书、报刊，图书馆的各项工作都需要馆员具有语言文字的理解和表达能力。因此，掌握现代汉语是馆员开展工作的基本功，如条件许可，也应掌握古代汉语和常用外语的基础知识。

2. 科学知识

应根据中小学课程的设置情况,大概熟悉数、理、化、史、地等学科的基础知识,还应尽量多了解社会科学、自然科学等各门学科的科普知识以及最新的科学技术成就,以便配合学校教学有针对性的向学生提供有关的书刊、学习参考材料,并向广大小读者进行广泛的宣传。

3. 文学知识

中小学生普遍喜爱文学作品。因此,馆员应掌握文艺作品的体裁、各种体裁的特征,有代表性的作家与作品,优秀的中外文学名著等等,尤其应掌握儿童文学的知识,了解神话、童话、儿歌、寓言与小说等各种体裁的特点,熟悉文艺批评的理论,加强文学修养。

4. 教育学、儿童心理学知识

少年儿童具有特定的生理与心理特征,这就要求馆员掌握教育学、儿童心理学的知识,懂得儿童教育的理论、原则和工作的方式方法,根据不同年龄、不同兴趣的读者群在阅读倾向上的差异,有针对性的开展阅读指导工作。

(三)业务素质

1. 学习研究少年儿童图书馆学的基本理论、基本知识,明确认识少儿图书馆(室)的地位、作用和方针任务;学习图书馆的藏书建设、分类编目的业务知识;掌握图书流通、图书宣传、指导阅读的基本理论和工作方法,科学地管理图书馆与进行业务辅导的基本知识,还应通过业务实践探讨与研究少儿图书馆的工作特点和规律。

2. 熟悉图书,研究读者,提高业务技能。图书能帮助馆员把人类的思想和精神财富传播给读者,促使他们发展智力,早日成才。熟悉图书,包括掌握新的报刊、杂志的内容,能及时地做好图书宣传,正确地帮助小读者挑选图书,顺利地答复咨询,有效地指导阅读,提高读者服务的质量。研究读者是有效地对少年儿童进行教育的基本条件。应了解小读者的文化程度、知识水平、心理特点和阅读需要，分析不同小读者的个性特点，再根据他们通过阅读所产生的思想活动和行为表现等特点，选择适当的方式，因材施教。这就需要馆员在工作中发挥创造精神，表现出教育的艺术，不断提高业务技能。而业务技能则是建立在研究图书及为读者服务的基础上的。馆员应通过馆内外的调查，利用读者借阅记录卡、读书笔记、读后感、与小读者谈话等方法研究读者，观察与分析他们的心理活动与阅读图书后的进步与变化，努力探索利用图书教育儿童的规律，以便在工作中不断提高业务技能。

（四）职业道德

1. 热爱事业、忠于职守

职业意识是职业感情和行为的基础。正确理解少儿图书馆事业与祖国、人民、未来的重要关系与意义，就会产生崇高的荣誉感和革命的责任感。炽热的事业心，能驱使馆员把自己的命运和儿童的成长联系在一起。为了祖国下一代的健康成长，馆员勤勤恳恳，兢兢业业，不怕辛苦，不辞劳累；一心扑在少年儿童的教育事业上，自觉地把图书的借阅、围绕图书开展的各种有益活动与培养人才联系起来，把平凡的日常工作与塑造一代新人联系起来，并能在各种环境里，甚至在经费、人力不足，条件极端困难的情况下，也能费尽心机，发扬艰苦奋斗的革命精神，以坚韧不拔的毅力，顽强地克服各种困难，千方百计的开展图书工作，为孩子们创造良好的读书环境，丰富孩子们的精神生活。

为把孩子们培养成为有道德、有理想、有文化、有纪律的革命事业接班人，少儿图书馆员应勤奋地工作，努力地探索，不为名，不为利，点燃自己的生命烈火，照亮孩子们成长的道路，为培养祖国社会主义建设的有用人才，甘愿作铺路的石子、无名的英雄。

2. 热爱儿童，借书育人

热爱儿童应是馆员的天职，也是完成图书馆教育任务的重要条件。高尔基说:"从事教育儿童的人,应当是在天性上就很爱好这个事业的人,这事业需要对儿童的热爱,需要巨大的耐心和对新世界的未来建设者关怀备至的谨慎态度。"①高尚纯洁的爱是开启少年儿童心智的钥匙。有了它,馆员便能成为小读者的贴心人,孩子们便会接近他,乐于向他谈论阅读书籍的感想和受到的启示,以及自己的点滴进步和存在的问题,甚至能向他倾诉深藏在心底的思想感情,信赖他能帮助自己解除忧郁的心情,愿意和他分享胜利的喜悦……只有这样,馆员才能准确地掌握小读者的思想脉搏,正确地观察、了解、分析和研究小读者。这是馆员获得创造性劳动成果的重要条件。

借书育人,是以图书为教育手段,使少年儿童养成良好的思想品德,形成科学的世界观,并充分开拓和发展他们的聪明才智。这不仅要满足小读者一般的借阅要求,更重要的是关心他们的德、智、体、美的全面发展。不但要鼓励、爱护阅读成绩优秀的小读者,也要体贴、帮助后进的小读者,还要满腔热情地关怀有劣迹的儿童,想方设法挽救失足的孩子,并把工作做到学校和家庭中,调动社会各方面的力量,针对孩子的不同特点,通过图书宣传、指导阅读,进行耐心、热情、细心的帮助,使每个孩子都能进步和成长。

3. 言传身教,以身作则

少年儿童模仿性强,在少儿图书馆的阅读或各种活动中,他们都时刻注意观察和模仿图书馆员的言行和举止。图书馆员的世界观、品行,待人接物的态度,处理问题的方法,都会对小读者起着耳濡目染、潜移默化的作用,甚至会留下意想不到的永远的影响。因此,馆员应时时刻刻严格要求自己,加强锻炼,使自己具有崇高的生活目标,有正直无私、诚实善良、秉公办事、胸怀磊落等美德。对

---

① 《高尔基论青年》,F.巴拉巴诺维奇等编,孟昌译,中国青年出版社,1956年,北京。

待工作,认真负责,接待读者,态度和蔼。热情指导小读者阅读,认真回答小读者的提问,并有谦虚谨慎、言行一致的作风。还应谈吐文雅,穿着整洁,朴素大方,仪表端正,讲究礼貌,遵守纪律,处事沉着、冷静、耐心,善于克制自己的感情,无论何时不在小读者面前显露冲动、急躁情绪。要求小读者做到"五讲四美",馆员先要做"五讲四美"的表率。只有以自身为榜样,对小读者言传身教,才能培养小读者也具有这些优良品质,使他们将来成为祖国建设事业的出类拔萃的人才。

4. 循循善诱,诲人不倦

少儿图书馆员应善于教育小读者,动之以情,晓之以理,导之以行,持之以恒,运用图书的教育力量,使他们形成远大的理想和科学的世界观;应善于诱导小读者阅读图书,帮助他们剖析图书的内容,运用灵活多样的方式方法,培养他们的阅读兴趣和自学能力,把打开知识宝库的钥匙交给他们自己。这也就要求馆员应积极热情地为小读者借阅图书服务,做到百问不烦,百拿不厌,尤其对精神空虚的受害者,更要亲切开导,诲人不倦,用健康有益的图书,充实他们的精神世界,并以谨慎态度对待他们的自尊心,使他们丢掉自卑心理,抬起头来做人。

时代、客观环境在不断变化,少儿图书馆的读者对象也是在不断变化着的人,对小读者的教育也不可能有一成不变的模式。馆员应有极强的创新意识,勇于探索,深入研究借书育人的理论和方法,针对读者的素质、能力、性格、志趣和特长,循循善诱,精心培育,使他们成为各个建设岗位上的有用人才。

第二节　儿童服务员的教育和培养

一、组织、培养儿童服务员的意义

（一）从小培养少年儿童具有为人民服务的思想和爱劳动的习惯

我国的各类型少儿图书馆（室）普遍存在读者数量多，要求复杂多样、馆员工作任务繁重的状况。组织培养儿童服务员协助管理少儿图书馆，对维持少儿图书馆（室）开展正常工作具有现实意义。

人民教育家陶行知先生主张"最重要的教育是'给的教育'，教小孩拿出小小的力量来为社会服务。"人生以服务为目的。学生们不是毕业后才为社会服务，不是在他们长大了以后才培养他们具有为人民服务的思想，而是从小就要养成热爱劳动、爱护公物、遵守公共秩序等美德，在学习期间就要学习为社会服务，以充分发挥他们对社会工作的积极性与责任感。在少儿图书馆（室）的服务工作中，可帮助儿童服务员逐步树立热心负责、不怕劳累、礼貌待人、谦虚谨慎、体贴同伴、关心他人、助人为乐等为人民服务的高尚品德。

（二）锻炼和提高少年儿童的实际工作能力

在馆员的指导下，儿童服务员可以开展日常的图书借阅、接待小读者、修补旧书、书刊的整理、上架等工作；帮助馆员组织目录、送书到流通站、办墙报、组织兴趣小组与大型集会等，并可参加宣传队、故事组、演讲团等进行图书宣传。通过这些工作，不仅能带动其他小读者参加服务活动，熟悉和学会利用图书馆，而且能锻炼、提高他们的实际工作能力。

（三）培养少年儿童的组织性、纪律性和团结友爱的优良品质

担任儿童服务员必须服从分配，坚守岗位，以身作则，随时接受小读者的监督，并应遵守工作时间，风雨无阻，坚持正点到馆服务，这就促使儿童服务员严格要求自己，遵守组织纪律。在工作中，他们也会遇到一些实际问题，需要共同研究，互相帮助，从而培养了他们的团结友爱的优良品质。

二、教育、培养儿童服务员应注意的问题

（一）促使儿童服务员的思想进步和成长

少儿图书馆（室）对儿童服务员的教育和培养，应始终把思想教育放在首位，防止和克服单纯使用的错误观点。要经常对他们进行理想和前途教育，从小培养他们具有为人民服务的思想，树立正确的劳动观点，增强对做儿童服务员的光荣感和责任感。要鼓励他们争当优秀团员、队员，并通过实际工作培养他们的优秀品质，提高工作能力，做好儿童服务员工作。

（二）发挥儿童服务员组织的作用

少儿图书馆（室）应帮助儿童服务员制定服务公约、服务守则，并经常检查制度和计划的执行情况，开展表扬和批评。这是儿童服务员搞好服务工作的重要保证，也是发挥组织的力量，培养一支有理想、有道德、有知识、守纪律的儿童服务员队伍，使图书馆工作秩序井然，坚持常年顺利开展业务活动的必要条件。

（三）尊重、信任儿童，依靠儿童服务员完成图书馆的教育任务

辅导儿童服务员开展业务工作，应与他们建立同志式的关系，充分尊重、信任他们。交给他们的任务，应通过帮助他们出主意、作决定、办事情，使他们逐步学会独立地处理和解决问题，在实际的服务工作中增长知识与才干，积极完成任务，锻炼成为有见识、有能力的一代新人。

（四）全面关心儿童服务员的学习、工作和生活

在学习上，应配合学校与家庭加强对他们的学习辅导，甚至可把他们按年级组织起来，互相帮助，并协助他们制订学习计划，随时检查监督，帮助他们克服学习上的困难，为他们创造借阅图书的便利条件，要求他们不但要服务好，也要学习好。在工作上，应定期组织学习，使他们逐步掌握图书馆的各项业务知识和技能，并通过馆员的示范和具体帮助，不断提高业务能力。工作中，馆员应与他们商量，共同讨论问题，虚心听取他们的意见，使他们主动关心少儿图书馆（室）的服务工作。同时，应根据他们的具体情况，分配他们担任力所能及的辅助性工作，不使他们负担过重。在生活上，要关心他们的冷暖，尽量照顾他们的生活习惯和特点，帮助他们解决生活中的困难，从而使他们感受到集体的温暖，对少儿图书馆产生深厚的感情，以主人翁态度对待工作，热心为小读者服务。

（五）开展评比活动，不断调动儿童服务员的工作积极性

少儿图书馆（室）要按时或定期作服务小结、学期小评或全年总结，开展表扬和批评。对评选出的优秀服务员或服务集体，隆重地进行表扬，给予精神或物质奖励。这能使儿童服务员不断明确服务的目的和意义，克服缺点，并激励广大儿童服务员产生追求新的目标和成功的要求和愿望，努力做好服务工作。

三、发展儿童服务员的方法

（一）直接从读者中挑选

1. 根据读者平时的表现，挑选热爱少儿图书馆、喜欢阅读图书与热心为群众服务的小读者，在征得本人同意后，即可发展其为儿童服务员。

2. 出榜招收。在自愿报名的小读者中，挑选条件适合的儿童，通过校访和家访，与教师、家长商定后录取。

（二）学校选派

1. 与附近的学校联系，根据少儿图书馆（室）的要求，选派一定数量符合条件的少年儿童，按规定时间来馆服务。

2. 以班级或少先队组织为单位，由教师带队集体到少儿图书馆（室）服务，使每个学生都有机会参加服务的行列，接受图书馆的教育。

主要参考文献

（一）

郑莉莉：《儿童图书馆工作概述》，少年儿童图书馆、中小学图书馆业务培训教材，《儿童图书馆》编辑部，1982年。

《儿童图书馆工作讲稿》，《儿童图书馆》编辑部，1983年。

李希泌、张椒华编：《中国古代藏书与近代图书馆史料》（春秋至五四前后），中华书局，1982年。

《中国近代现代图书馆事业史》，北京大学图书馆学系中国图书馆事业史小组编，1960年。

《中国图书馆事业史》（初稿），武汉大学图书馆学系编，1962年。

张锦郎、黄渊泉编：《中国近六十年来图书馆事业大事记》，台湾印书馆，1974年8月。

朱智贤：《儿童心理学》，人民教育出版社，1980年。

林崇德：《中学生心理学》，北京出版社，1983年。

潘菽主编：《教育心理学》，人民教育出版社，1980年。

吴慰慈、韩玉光、陈久仁、吴争编著：《图书馆藏书建设》，吉林省图书馆学会，1980年。

《图书馆藏书》，（苏）斯多利亚洛夫、阿列菲也娃著，赵世良译，书目文献出版社，1983年。

《藏书建设译文集》，全国高等学校图书馆工作委员会秘书处，北京，1983年。

《图书分类》，北京大学图书馆学系编著，书目文献出版社，

1983 年。

《中国图书馆图书分类法》(简本),《中图法》编委会,书目文献出版社,1980 年。

《中国图书馆图书分类法使用说明》,该书编委会编,书目文献出版社,1981 年。

陈晓华:《图书分类例说》,《云南图书馆》增刊,1984 年。

卢子博、倪波主编:《图书分类基础知识问答》,书目文献出版社,1981 年。

《为学校和儿童服务的图书馆》(英文版)科林拉依 联合国教科文组织出版,1979 年。

《连环画分类法》,天津少儿图书馆:《中小学图书馆经验资料汇编》,《儿童图书馆》编辑部编辑,1983 年。

姜少章译:《苏联儿童图书馆图书分类表》,《外国儿童图书馆、中小学图书馆工作经验汇编》,《儿童图书馆》编辑部,1984 年。

李纪有、沈迪飞、余惠芳编著:《图书馆目录》,书目文献出版社,1982 年。

《文献标准著录与目录组织——新编图书馆目录》,黄俊贵、罗健雄编辑,《图书馆工作与研究》1984 年专辑。

《文献著录标准化学习参考资料汇编》,中国图书馆学会文献著录标准辅导班教材,中国图书馆学会秘书处,1984 年。

《克鲁普斯卡娅论辅导儿童阅读》,(苏)瑞托朱洛娃著,韩承铎译,1953 年。

《图书馆怎样指导青少年阅读》,(苏)伊日芙斯卡娅编,予达、宗全合译,五十年代出版社,1955 年。

《图书馆对儿童的阅读指导》(俄文版)H. H. 瑞托米洛娃编,《图书》出版社,1976 年。

陈誉:《少儿阅读指导》,少年儿童图书馆、中小学图书馆业务培训教材,《儿童图书馆》编辑部,1982 年。

杨宗义、何志汉等编著:《怎样培养小学生的能力》,湖北人民出版社,1981 年。

张树华、张嘉树编著:《图书馆读者工作》,吉林省图书馆学会,1982 年。

孙德辉:《图书馆业务辅导》,四川省图书馆学会中心图书馆委员会,1979 年。

于鸣镝:《图书馆管理学纲要》,大连海运学院图书馆,1982 年。

丁道谦:《图书馆统计学的理论与实践》,四川省中心图书馆委员会,1981 年。

《全国少年儿童图书馆(室)先进集体、先进工作者表彰会议文件》,《儿童图书馆》特辑,1983 年。

(二)

厉以贤、刘慧珍:《社会化与学校教育》,《教育研究》,1984 年,第 9 期。

吕型伟:《创建两个渠道并重的教学体系,培养现代化建设人才》,《上海教育》,1984 年,第 1 期。

郑莉莉:《图书馆与新生一代的共产主义思想教育》,《图书馆》,1963 年,第 4 期。

王渡江:《浅析苏联儿童图书馆图书分类表编制技术》,《儿童图书馆》,1984 年,第 1 期。

刘树毅、张金明:《论编制少儿图书馆图书分类法的必要性》,《儿童图书馆与中小学图书馆》,1985 年,第 1、2 期。

杨信:《试论图书活动与发展儿童智力》,《儿童图书馆》,1983 年,第 4 期。

郑莉莉:《谈少年儿童图书馆的几个问题》,《少图工作》,1980 年,第 2 期。

史国宁:《潜力、难度与学习效率》,《光明日报》,1983 年 1 月 14 日。

严小蓓:《少年儿童图书馆如何在阅读辅导中加强智力培养》,中国图书馆学会学术委员会少年儿童图书馆专题讨论会论文,1983 年。

王丽丽:《谈谈儿童图书馆的个别阅读辅导工作》,中国图书馆学会学术委员会少年儿童图书馆专题讨论会论文,1983 年。

屠渭泉:《在失足青少年中开展读书活动初探》,中国图书馆学会学术委员会少年儿童图书馆专题讨论会论文,1983 年。

周欣力:《工读生阅览心理初探》,中国图书馆学会学术委员会少年儿童图书馆专题讨论会论文,1983 年。

陈运临:《谈谈少年儿童图书馆阅读指导工作的几个问题》,《儿童图书馆》,1983 年,第 4 期。

张化万:《阅读好书方有益》,中国图书馆学会学术委员会少年儿童图书馆专题讨论会论文,1983 年。

杜文余:《谈谈少儿图书馆工作中的几个问题》,《儿童图书馆》,1982 年,第 2 期。

宋开敏:《用知识的乳泉浇灌祖国的花朵》,《四川图书馆学报》,1981 年第 1 期。

罗健雄:《从加强横向联系谈图书馆的体制改革》,《广东图书馆学刊》,1981 年,第 3 期。

梁秉彝:《开展业务研究活动,努力为教学服务》,《儿童图书馆》,1982 年,第 2 期。

杭州图书馆儿童分馆:《为了幼苗茁壮地成长》,《儿童图书馆》,1981 年,第 3、4 期。

杨善政:《试论县、区图书馆的服务指标》,《图书馆杂志》,1982 年,第 2 期。

李景春等:《图书馆的统计指标和指标体系》,《图书馆工作与研究》,1982 年,第 2 期。

王家全:《试谈儿童图书馆的儿童服务员工作》,《江苏图书馆工作》,1981 年,第 3 期。

宋公然、盖绍普:《谈师道》,《教育研究》,1982 年,第 8 期。

姚鸿恩、钱遒立:《中小学图书馆工作人员的职业要求》,《儿童图书馆》,1984 年,第 3 期。

××少年儿童图书馆藏书总括登记簿

登记年月日		收入凭证		经济来源			金额	图书总数		文字书		马列著作		社会总论		语言文字		文学		艺术		史地		自然科学		应用科学		综合性图书		外文图书		低幼读物		连环画		视听资料		杂志		报纸		图片	个别登记起讫号	备注 其他
月	日	号数	期号	实退	实付款	码价	估价	种	册	种	册	种	册	种	册	种	册	种	册	种	册	种	册	种	册	种	册	种	册	种	册	种	册	种	册	种	件	种	份	种	份	张		

年　

189

××少年儿童图书馆图书财产登记簿

年_____总页第_____号

登录日期	批号	登记号	作者或译者	书名	册数	出版							来源	价格		备注
						地点	单位	版本	页数	装订			元	角	（注销记录）

附表二

190